대학생과 청년을 위한

창업과 경영 실무

금진호 김만석 김명희

양 성 원

머리말

대학에 진학하여 교양과 전공을 배우고 익히며 자신들의 미래에 대해 고민할 때, 취업이나 창업에 대해 고민해 보지 않은 학생들은 거의 없을 것이다. 대학교육의 목적과 기능이 시대에 따라 변하고 있지만, 특히 지금은 대학교육의 주된 기능 중 하나는 사회에서 요구하는 전문 직업인의 양성을 목적으로 하고 있음은 배제할 수 없는 현실이다. 대학 당국인 교육부에서도 '사회 맞춤형 인재 양성'을 특성화 사업으로 선정하여 각 대학들과 추진해 나가고 있는 것을 보면 대학에서의 교육이 시대적 트렌드가 요구하는 것은 사회와 기업의 요구에 충족할 수 있는 인재육성으로 방향이 바뀌는 것을 알 수 있다.

중국이나 미국의 대학 졸업생들은 졸업을 하면 창업을 하거나 기술연구를 하려고 꿈꾸지만, 우리나라 대학생들은 취업이나 고시에 합격하려고 하는 것이 현실이다. 세계 2대 강대국으로 떠오르고 있는 중국의 경우 취업하려는 학생들에 비해 창업하려는 학생들이 빠른 속도로 늘어가고 있으며, 중국의 창업 시스템이 우리나라와 다른 점은 대학의 선진 기술을 창업으로 연결하는 형태가 일반화 돼 있다는 것이다. 미국도 과학기술의 기반은 일류 대학들이 만들고 있다. MIT 졸업생이 창업에 나서기 시작한 것이 약 30년 정도 됐는데 MIT 출신의 스타트업 기업이 약 4만 개가 되고, 100만 명의 일자리를 만들어냈다. 이들의 매출액은 세계 10위 국가의 GDP와 맞먹고 있다.

우리나라도 대학이나 국가에서 제도적인 시스템을 통해 이런 풍토를 바꿔주고 창업성공의 롤모델을 만들어야 한다. 구조적으로 취업이 매우 어렵고 청년 백수라는 자조어가 난무하고 있는 이 시기에 대학을 졸업한 젊은이들이 창업을 통해 자리 잡고 성장해 나갈 수 있도록 지원해 줘야 한다. 그나마 2015년 우리나라 대학의 창업 교과목 이수학생은 약 30만 명으로 2012년 16만 명 대비 81.8% 증가했고, 학생들의 창업마인드 제고와 분위기 확산을 위한 대학 내 창업교육이 확산되고는 있는 것은 매우 다행이다.

최근 통계청 발표에 따르면 국내 새싹기업(스타트업, start-up)의 평균생존율은 창업 2년 후 48.4%로, 2년 안에 절반이 폐업을 하는 것으로 나타났다. 이는 자의 반 타의 반으로 시작한 사업으로 결국 아까운 돈과 시간, 그리고 여러 에너지를 허비하는 결과를 낳는 것으로 나타났다. 창업을 준비할 때 성공의 상상보다는 철저하고 혹독하게 자신을 되돌아 볼 수 있는 과정과 경험이 필요하다. 그래서 이미 성공한 창업회사의 준비과정이나 경영과정을 알아보고, 위기나 실패 등을 겪은 창업회사나 경영인들의 사례를 배우는 것은 그 길을 가려는 대학생이나 청년들과 같은 예비창업자에게 매우 소중한 기회가 될 것이다.

대학에서 강의를 하고 있는 3명의 필자들은 기존의 창업과 경영이나 실무에 대한 대학 교재들을 볼 때 매우 이론적인 내용들에 대해 실망하였고, 그래서 우리는 이 시대에 새로운 창업의 인생을 그려 나가고 있는 대학생과 청년들에게 성공적인 창업을 꿈꾸도록 하는 대안으로 창업과 경영의 새로운 패러다임에 필요한 기본적인 지식과 정보를 제공하는 데 목적을 두고 이 책을 썼다. 특히 기업에서 창업과 경영에 대한 관련 부서와 경영진으로 30년간의 창업과 경영에 대한 경력을 갖고 있으며, 지금은 대학에서 강의하고 있는 교수들의 실제적인 내용과 사례 등의 핵심적인 내용들은 많은 도움이 될 것으로 생각한다. 직장생활에서의 직접적인 경험과 실제 사례, 생생한 경험 등을 토대로 학생들에게 실질적인 내용을 알기 쉽게 구성하여 창업하는 과정에 도움이 되도록 하였다. 또한 국내외의 많은 문헌과 관련 서적의 내용을 참고로 정리해 놓았기 때문에 창업과 경영에서 실제적인 부분과 이론적인 조화가 잘 구성된 창업과정에서의 꼭 필요한 교재라 생각한다.

처음 출간으로 다소 미흡한 점이 있을 수 있으나 앞으로 보다 나은 책이 되도록 수정, 보완해 나갈 것을 약속하며, 이 책의 출판을 허락해 준 양성원의 강철원 사장님께 감사드리고, 아낌없는 격려를 보내 주신 목일수 부사장님, 황남수 이사님께 고마움을 표한다. 끝으로 좋은 책이 될 수 있도록 정성을 다해 준 편집부 여러분께 깊은 사랑의 마음을 전한다.

창업을 꿈꾸는 젊은이들을 사랑하는 저자 일동

차 례

PART 01 창업의 실제

PART 02 경영의 실제

Chapter 11 다가오는 4차 산업혁명 / 185

Chapter 12 성공한 창업가 / 205

부록 창업 하십시오 / 221

PART

01

창업의 실제

최근 우리나라에서 다양한 형태의 창업이 빠른 속도로 증가하고 있다. 고용불안, 경기침체, 실업률 증가, 평생직장에 대한 불안 및 급속한 고령화 사회 진입 등으로 젊은 청년층, 퇴직자, 여성 창업이 증가하는 가운데 소규모 창업이 활발하게 이루어지고 있다. 창업이 성공할 경우 경제적 수익 창출과 사업을 통해 정년없이 안정적으로 일할 수 있다는 매력이 있으나, 많은 사람들이 철저한 창업준비 없이 사업을 시작한 후 실패하는 경험을 한다. 우리나라의 창업환경은 비교적 양호한 편이고 창업하기는 쉬우나 창업 성공률은 그리 높지 않은 것이 현실이다. 창업에 성공하기 위해서는 창업에 대한 철저한 준비, 좋은 아이템 선정, 자금조달 그리고 시장과 고객을 이해하고 대응할 수 있는 마케팅 능력과 창업환경에 대한 이해가 필요하다.

이를 위해 본 단원 제1장에서는 창업과 경영환경에 대해 살펴보고 제2장에서는 창업아이템 선정과 사업타당성 분석방법 제3장에서는 상권분석과 입지선정 방법에 대해 알아보고 제4장에서는 업종별 창업절차와 우리나라의 창업지원제도에는 어떠한 것들이 있는지 살펴본다.

Chapter

01

창업과 경영환경

최근 우리나라뿐만 아니라 전 세계적으로 다양한 형태의 창업이 보편화되어 있다. 창업이란 일반적으로 '새로운 사업을 개시(start-up)하는 것'을 의미하는데, 좀 더 구체적으로 표현하면 창업이란 사업능력을 갖춘 자가 사업아이디어를 포착하여 사업목표를 설정하고, 이에 필요한 자금, 인원, 설비 등 경영자원을 확보하여 제품이나 서비스를 생산하는 사업체를 설립하는 것이다.

창업은 새로운 사업에 대한 도전이라고 할 수 있다. 창업이 일반 기업경영과 다른 점은, 경영이란 이미 만들어진 사업체를 성공적으로 유지, 성장, 발전시켜 나가는 활동이라면, 창업은 새로운 사업에 대한 일정한 준비과정을 거쳐 사업체를 창설하는 데 그 초점이 맞추어져 있다고 할 수 있다. 최근 일본이나, 중국, 유럽 및 미국 등 세계 각국은 창업을 적극 장려하고 있는데 창업자를 위한 다양한 제도적 지원은 물론 세제 및 법적 뒷받침을 통해 창업에 성공한 사람이 존경받는 사회적인 풍토를 조성하는 데 힘쓰고 있다. 특히 중국은 대학졸업자의 40% 정도가 창업을 할 정도로 일반화되어 있고, 중앙정부 차원에서 창업을 적극 장려하고 정책적으로 뒷받침하고 있다.

1. 창업의 의의와 필요성

1. 창업의 필요성

사람들이 창업을 하는 이유에는 여러 가지 목적이 있다. 최근 우리나라의 사회 경제적 환경이 선진국형으로 급격하게 변화함에 따라 산업구조의 변화 및 일자리 부족 등으로 창업이 보편화되고 있는데, 사람들이 창업을 하고자 하는 이유는 우선, "일자리 부족에 따른 고용불안정"을 가장 큰 원인으로 꼽을 수 있다. 일자리 자체가 부족한 면도 있으나 고용의 질, 즉 비정규직 비중이 점차 확대됨에 따라 평생 직장으로의 확보가 보장되지 않는다는 것이다. 최근 우리나라만 해도 전체 근로자 중 비정규직이 차지하는 비중이 50%에 육박하고 있어 이들은 항시 고용불안에 시달리고 있는데, 이에 대한 방안이 없는 실정이다.

두 번째는 "취업으로 평생직장으로의 미래가 보장되지 않는다"는 점이다. 우리나라의 경우 평균 직장 근속연수가 약 7년 정도인데 직장에 취직한다 하더라도 한창 일해야 하는 젊은 나이에 직장을 그만 두어야 하는 현실은 결국 창업을 해야 하는 상황으로 갈 수밖에 없다는 것이다. 선진국처럼 직장을 그만둘 경우 곧바로 다른 직장을 구할 수 있는 고용의 탄력성이 높지 않기 때문에 제2의 인생을 준비하여야 하는 대안으로 창업을 한다는 것이다.

세 번째는 "직장에서의 자기 성장의 한계"이다. 대부분의 경우 직장에 취직해서 승진 등을 목표로 열심히 일하며 최선을 다하지만 위로 올라 갈수록 자리는 한정되어 있고, 일에 대한 성취감 내지는 직장생활을 통한 자기실현의 기회가 크지 않은 경우에 자의 반 타의 반 창업을 선택할 수밖에 없는 현실에 부딪히게 되는 것이다.

네 번째는 "경제적 수단으로서의 소득창출"이다. 대부분의 경우 창업의 목적은 경제적 여유를 갖기 위한 수단으로 선택한다고 볼 수 있다. 과거와는 달리 평균

수명이 늘어나 직장생활을 통해 경제적으로 안정적인 노후생활을 준비한 사람이 많지 않다는 점 그리고 창업을 통해 평소에 본인이 하고 싶은 일을 통해 자아실현의 기회를 갖는 동시에 제2의 인생을 뒷받침하는 경제적 수단으로 창업을 선택한다고 볼 수 있다.

2. 창업의 특성

(1) 창조적이고 모험적인 특성

창업은 내가 가지고 있는 사업아이템, 자금, 경영능력, 기술 등 모든 자원을 동원하여 자기주도로 새로운 사업영역을 개척하는 일이기 때문에 창조적이고 모험적인 성격을 가지고 있다. 지금까지 경험해 보지 못한 새로운 일에 대한 시도는 강한 모험심과 기대감 그리고 성공에 대한 강력한 성취욕구를 갖게 한다.

(2) 높은 위험(high risk)의 수반

창업은 새로운 사업에 대한 자본과 인적 및 물적 자원의 투입을 전제로 하고 있어 많은 위험이 따르는 특성을 지닌다. 빈틈없이 완벽한 창업준비를 했다고 하더라도 예상하지 못했던 많은 일들이 발생하기 마련이다. 창업을 시도하는 사람이라면 누구나 100% 성공을 확신하고 자신 있게 시작하지만 사업을 수행하면서 당초에 계획했던 목표를 달성하기란 쉽지 않은 것이다. 여러 가지 변화와 상황에 적절하게 대응하지 못하거나 시행착오를 겪는 경우 창업은 당초 기대했던 결과를 얻지 못할 가능성이 크다.

(3) 불확실성(uncertainty)하의 의사결정

창업에 있어서 가장 어려운 점은 끊임없이 변화하는 경영환경 속에서 미래를 정확히 예측하고 신속히 판단하여 적절한 의사결정을 하여야 하는데, 그것이 쉽지 않은 이유는 바로 불확실성 때문이다. 사실 어떤 업종의 창업이든 가장 어려운 점은 창업자가 성공을 위해 최선을 다해 노력한다 하더라도 그 사업의 결과는 쉽게 장담할 수 없는 불확실성에 놓인다는 점이다.

(4) 새로운 도전과 기회의 제공

창업은 새로운 도전과 기회가 매력이라 할 수 있다. 새로운 사업의 도전은 비록 여러 가지 불확실성은 존재하나 좋은 사업아이템을 통해 성공할 경우 자아성취, 인정과 명예, 일 그 자체에 대한 만족 및 보다 많은 수입으로 윤택한 삶을 추구할 수 있는 기회를 제공해 주기 때문에 많은 사람들이 창업에 뛰어들고 있다. 최근 창업의 특징은 평생직장에 대한 보장 가능성이 점차 낮아져 창업연령이 낮아지고, 소자본 창업과 1인 창업이 증가하는 등 과거와는 다른 형태로 변하고 있다.

3. 창업의 3요소

(1) 창업아이템

창업을 하는 데 가장 중요한 요소는 어떤 아이디어를 가지고 창업아이템을 선정하는 것인가 하는 점이다. 즉, 어떤 제품(또는 서비스)을 만들어 제공할 것인가 하는 점인데, 성공할 수 있는 좋은 아이템이란 무엇인가? 자칫 사업아이템이라 함은 상당한 기술과 노하우가 요구되는 것이라 생각하기 쉬우나 실제로 그보다 중요한 것은 시장트렌드와 고객의 니즈에 맞춘 아이템이어야 한다는 점이다. 아이디어와 기술만 믿고 쉽게 창업했다가 실패하는 경우가 상당히 많다. 좋은 아이템이란 기술, 고객의 니즈, 서비스, 마케팅 등을 결합시켜 시장에서 좋은 반응을 얻을 때 성공할 수 있는 것이다. 따라서 초보 사업가는 시장에서 이미 검증된 고유업종을, 예비 사업가는 신규업종을 택하는 것이 좋다. 창업 아이템은 대부분 도입기, 성장기, 성숙기, 쇠퇴기의 상품 라이프 사이클을 거치게 되지만 나오자마자 쇠퇴기로 가는 업종도 있으므로 아이템 선정에 신중하여야 한다.

(2) 창업자금

자본은 창업에 필요한 인력, 사업장 확보, 설비, 재료 부품 원료 및 제반 경비 및 경영에 필요한 자원을 확보하는 데 소요되는 자금에 충당하기 위해 사용된다. 자본은 창업자가 전액 부담하는 경우와 타인 자본을 차입하는 경우, 그리고 투자 자금을 유치하여 충당할 수도 있는데, 차입의 경우 정부기관, 지자체 등에서 제공하는 정책자금 또는 금융기관 등을 통해 조달할 수 있다. 창업자금은 사전개업 준비자금, 고정자본, 운전자금 등으로 구분하여 예산을 집행해야 사업운영에 무리가 없으며, 총 자금의 20% 정도는 예비비로 보유하고 있어야 한다. 타인의 돈을 빌려 사업을 하게 되는 경우, 총비용 중 30%를 초과하지 않는 것이 좋다. 최소한 점포비용은 자기 자본으로 충당하여 이자부담을 줄여야 사업이 궤도에 오를 때까지 안정적으로 운영할 수 있다

(3) 창업자

창업자는 사업의 주체자로서 사업을 성공시키기 위해 사업아이템 확보, 사업계획서를 만들고 사업타당성 분석 등을 통해 사업을 성공시키기 위해 책임감을 가지고 수행하는 자이다. 사업의 성공 여부는 창업자의 가치관, 수행능력, 기업가 정신이 어떠하느냐에 따라 결정된다. 창업자는 사업수행 시 발생하는 위험요소를 극복하고 환경변화에 대응할 수 있는 남다른 통찰력과 기업가 정신이 필요하다. 창업자는 자신의 성향과 능력에 맞는 아이템을 선정하는 것이 중요하다. 예를 들어 의류점이나 보석가게 등은 이미지가 큰 비중을 차지하는데 비해, 컴퓨터 기술을 요하는 업종은 창업주가 컴퓨터를 잘 다룰 수 있어야 인건비 등 비용을 절약할 수 있다.

4. 창업의 성공요건

성공적인 창업을 위해서는 창업자가 갖추어야 할 요건이 있다. 창업자는 명확한 목표를 설정하고 끊임없이 사업 아이디어를 개발하여 사업기회로 연결시키는 동시에 시장에서 경쟁력을 확보할 수 있도록 노력해야 한다. 또한 창업과정에서 예상치 못한 일들이 많이 발생하므로 시행착오를 최소화할 수 있도록 사전에 철저한 준비가 필요하다.

(1) 명확한 목표

창업자는 창업을 통해 이루고자 하는 꿈은 무엇인가? 사업이 성공하면 나에게 어떤 가치가 있는가를 생각하여야 한다. 그래야 창업자가 지향하는 방향과 목표가 설정될 수 있고, 설정된 목표에 도달하기 위해 자신의 모든 역량을 집중하여 강력하게 추진할 수 있기 때문이다.

(2) 철저한 준비

창업은 아이템 선정, 사업형태 구상, 자금원의 확보와 운용계획, 사업타당성 분석, 시장조사 등 사전에 준비해야 할 일들이 많다. 창업준비를 철저하게 하였다고 해서 반드시 성공이 보장되는 것은 아니지만, 시행착오를 최소화하기 위해서는 창업절차에 의거 치밀하게 준비하여야 한다. 이는 창업준비가 어느 정도 되었는가에 따라 성공 정도가 달라지기 때문이다. 아무리 유망업종이라도 무작정 따라하거나 창업준비가 부족하면 실패할 확률이 높다.

(3) 적합한 업종선택

창업자는 자신의 적성과 성향에 맞는 업종을 선정하여야 한다. 자기가 좋아하는 업종을 선택해야 열정을 다해 일할 수 있고, 일하는 과정에서도 흥미와 보람을 느낄 수 있기 때문에 결과에 대한 만족도도 높고 성공할 가능성도 크다. 아무리 유망한 업종이라도 본인에게 맞지 않는다면 성공하기 쉽지 않다. 소위 블루오션(blue ocean)의 아이템이 있다 하더라도 본인의 적성과 성향에 부합하지 않다면 더 신중하게 생각해 보고 결정하여야 한다.

(4) 과감한 결단력

성공적인 창업자들은 일단 자기에게 사업기회가 주어졌을 때 과감하고 신속한 의사결정을 내릴 수 있는 결단력이 강한 것이 특징이다. 창업자는 사업목표가 정해지고 의사결정을 하고 나면 신속하게 행동으로 옮기는 결단력이 있어야 하며, 정해진 목표에 신속하게 도달하기 위해 자신의 모든 역량을 집중하는 강한 추진력과 열정이 있어야 한다.

(5) 변화대응 능력

창업자는 새로운 변화에 신속하게 대처할 수 있는 능력을 갖추고 있어야 한다. 성공적인 창업자들은 사업기회를 포착하고 그것을 현실화하는 능력 이외에 시시각각 변화하는 환경과 시장트렌드 및 고객 니즈를 정확하게 파악하여 대처하는 능력이 있어야 한다. 또한 새롭고 독특한 사업아이디어나 경영방식을 끊임없이 개발하고 수정해 나가는 한편, 예상치 못한 문제 발생 시 상황을 신속하게 파악하고 대안을 마련하여 해결할 수 있어야 한다.

한편, 창업자는 어느 업종의 사업을 하든지 경쟁자와는 차별화된 전략이 있어야 한다. 아무리 좋은 아이템을 가지고 사업을 한다 하더라도 차별화된 특성이 없다면 성공할 수 없다. 이러한 차별화는 상품의 차별화, 서비스의 차별화, 마케팅의 차별화 중 어떤 것이든지 나만의 새롭고 독특한 차별화에 집중하여야 한다.

2. 창업과 경영환경

성공적인 창업을 위해서는 경영환경을 이해하여야 한다. 창업목표 수립과 올바른 전략의 선택은 자신이 처한 상황을 정확하게 이해하는 데서부터 출발한다.

창업환경은 크게 외부환경과 내부환경으로 구분할 수 있으며, 외부환경은 창업활동에 직·간접적으로 영향을 주는 경제적 환경과 사회·문화적 환경, 시장환경 그리고 우리나라의 창업환경 등으로 살펴볼 수 있다. 내부환경은 그 사업체가 처한 고유의 환경으로 인적·물적 자원과 조직특성 그리고 핵심역량이라 할 수 있다.

1. 경제적 환경

경제적 환경이란 창업자에게 직간접적으로 사업에 영향을 주는 요인들로서 금리, 환율, 물가상승율, 소득증가율 그리고 원자재 가격 변동율 등을 들 수 있다. 금리는 창업자에게 가장 민감한 사항이라 할 수 있는데, 금리가 오를 경우 자금차입을 통해 사업을 하는 경우 곧바로 금융비용이 증가하여 연결되어 제품원가 및 수익성에 영향을 미치기 때문이다. 환율변동 역시 업종에 따라 다르지만, 특히 글로벌 시장을 무대로 사업을 하는 경우 원자재 가격, 수출입 상품 원가에 영향을 주어 사업의 지속성과 수익성에 결정적인 영향을 미치므로 민감하게 파악하고 주시하여야 한다. 가처분소득 증가율은 제품 및 서비스에 대한 수요를 결정 짓는 요인이라 볼 수 있다. 한편 물가상승율 역시 인건비와 제품가격에 곧바로 영향을 주기 때문에 중요한 경제적 요인이다.

〈표 1-1〉 창업에 영향을 주는 경제적 요인

경제적 요인	창업에 영향을 주는 내용	영향을 받는 업종
금리 변동	금융비용	차입의존도가 높은 사업자, 건설업종, 벤처기업
환율 변동	수입, 수출상품 원가, 원자재 가격	원료수입이나 수출비중이 높은 업종, 소비재수입업
물가 상승율	원재료가격,인건비, 제품가격	서비스업, 소비재제품 기업,제조업
원자재가격 변동	원자재수입가격, 원료비	철강업, 화학제품제조업, OEM방식제조업
GDP(가처분 소득)	제품 및 서비스에 대한 수요	여행업, 소비재산업, 기타 서비스업

2. 사회 · 문화적 환경

사회・문화적 환경이란 사회구성원의 사고, 가치관, 소비성향 등에 영향을 주는 문화적, 사회심리적 조건을 의미하는데, 사회・문화적 환경 요인은 고객구매행동과 시장수요에 영향을 미친다. 소득수준과 교육수준이 높아짐에 따라 소비자의 욕구가 다양해지고 고급화되고 있다. 최근에는 인터넷, 모바일 및 SNS 사용의 급증으로 많은 정보를 접하는 소비자는 점점 똑똑해지고 소비패턴이 시시각각 바뀌며 진화하고 있다. 한편 사회・문화적 발전은 각종 소비자단체, 경제단체 및 환경단체 등과 같은 집단의 역할과 영향력이 증대되어 기업에 압력요소로 작용하고 있다. 지역 간 인구이동과 노령화, 나홀로 세대증가, 이혼율 및 출생률 감소 등 인구통계적 환경변화는 새로운 수요를 형성하거나 감소시켜 창업업종에 따라 기회와 위협요인이 되기도 하는데, 특히 우리나라의 경우 일본과 마찬가지로 급격한 노령화인구 증가는 노년층을 겨냥한 각종 실버산업이 점차 번창할 것으로 예상된다. 또 나홀로 세대의 증가는 1인용 생활에 필요한 각종 용품수요와 서비스업종의 수요증가가 예상되며, 또한 출산인구 감소는 소득증가와 더불어 유아용품의 고급화 패션화로 변화하는 양상으로 나타나고 있다.

우리나라의 경우 일본의 패턴과 유사하기 때문에 이러한 인구통계적, 사회·문화적 환경변화는 다른 요인에 비해서 비교적 예측이 가능하다고 볼 수 있다.

3. 시장 트렌드(Trend)

성공적인 창업을 위해서는 시장의 흐름과 소비자의 소비패턴을 잘 읽고 성장 가능성이 있는 업종을 선택해야 하는데, 특히 창업을 준비하는 예비 창업가들은 기존시장과 새로운 잠재시장의 틈새와 환경변화의 흐름을 잘 파악하여야 한다. 최근 한 연구기관에서 향후 10년간 우리나라에 대한 경제전망을 바탕으로 창업시장의 흐름과 소비자 트렌드를 예측했는데, 각각의 키워드는 다음과 같다.[1)]

(1) 스마트한 소비패턴

요즘 소비자들은 구매행동에 있어 더욱 합리적이고 많은 정보를 바탕으로 인터넷, 모바일 및 SNS 사용으로 다양한 채널들의 정보와 만나 더욱 똑똑해지고 있다. 충동적인 구매의 경우도 온라인과 오프라인 시장을 비교하는 요즘 소비자들은 뉴라이프 스타일(종합 모바일, IoT, 소셜 네트워크, 모바일 플랫폼, 정보통신, 오픈마켓, 홈쇼핑) 분야의 가속적인 발전으로 온라인과 오프라인의 경계를 허물고 스마트한 소비를 위해 다양성을 추구하고 있다.

(2) 1인 가구(Home Alone) 세대의 증가

통계청에 따르면 전체 가구의 26.5%가 1인 가구인데 2035년에는 국내 1인 가

1) 창업시장전망-창업에 성공하기 위한 트렌드 7가지 알아보기(한국창업경제연구원).

구가 763만 가구로 전체 가구수의 34.4%에 이를 것이라고 전망한다. 세 가구 중 하나는 1인 가구가 되는 셈이다. 이러한 1인 가구의 증가로 인해 '소셜 다이닝'이 확대될 것으로 전망되는데, 2013년 1월에 출범한 소셜 다이닝 집밥은 같은 해 11월 기준 누적 방문자 수 4,100만 명을 돌파했다. 그동안 개설된 모임 수만 2만 개가 넘는데 집안에서 간편하게 혼자 먹을 수 있는 가정 간편식(Home Meal Replace, HMR) 시 장도 증가할 것으로 예측된다.

(3) 메스티지(Masstige) 소비의 증가

Masstige란 Mass(대중)와 Prestige(특권)가 결합된 신조어로 고급상품이지만 합리적인 가격으로 가격 경쟁력을 갖춘 것을 뜻한다. 메스티지는 다양한 분야에서 소비자들을 유혹하고 있는데, 식음료업계에서는 최근 먹방 · 쿡방의 인기로 먹거리에 기꺼이 투자하는 소비자들이 증가하자 대중적으로 즐길 수 있는 프리미엄급 제품을 출시하여 소비자들을 모으고 있다. 이러한 명품의 감성과 대중적인 가격의 만남은 소비자들의 자기표현 욕구를 충족시킴으로써 메스티지 소비층이 형성되고 그 수는 더욱 증가할 것으로 예상된다.

(4) 신 중년세대의 소비주체로의 변화

경제력뿐만 아니라 사회적 지위까지 갖춘 40~50대의 중년 남성의 소비가 늘어나고 있다. 이들의 소비 유형은 뚜렷하며 품위 있는 삶을 유지하기 위해 온라인과 백화점 등 여러 방법을 통해 쇼핑을 즐기며 자식들의 교육과 자신의 건강을 위해 소비를 아끼지 않는 경향이 있다. 자신만의 인생을 준비하는 60대 이상의 시니어 중년 남성들은 자신의 남은 삶을 위해 원하는 물건이나 여행 그리고 건강을 위해 여유롭게 투자를 하는 모습을 보인다.

(5) 가치추구 마케팅(Cause Marketing)

가치추구 마케팅이란 기업이 환경, 보건, 빈곤 등과 같은 사회적인 이슈(cause)를 기업의 이익 추구를 위해 활용하는 것을 말한다. 기업은 이 마케팅을 통해 경제적 가치와 공익적인 가치를 동시에 추구할 수 있게 되는데, 소비자들은 기업의 제품뿐만 아니라 사회에 공헌하는 '가치'도 함께 구매하는 것으로 소비자들의 소비를 이끌어 내고 있다. 이는 기업의 매출뿐만 아니라 이미지도 함께 높아지므로 기업과 사회 양자가 '윈윈(win-win)'할 수 있는 전략이다.

(6) 즉시(On Demand) 서비스 시대

O2O(online to online)와 간편결제 간 시너지 효과로 인해 국내 온 디맨드(on demand) 시장은 빠르게 확장되고 있다. 원하는 것을 즉시 서비스 받는 온 디맨드는 '카카오택시', '배달통', '요기요'와 같이 생활 밀접한 부분에서 좋은 성과를 내고 있으며, 소비자들의 소비형태도 변화하게 만들고 있다. 다양하고 많은 정보들을 쉽고 빠르게 얻을 수 있게 된 소비자들은 사치의 소비에서 가치의 소비에 중심을 두는 방향으로 이동하고 있는 것이다.

(7) 양극화 시대 심화

갈수록 심해지는 부의 양극화 사회 속에서 저소득층 창업자들은 전통적인 방식의 금융지원보다 다른 형태로의 자금을 마련하고자 하는 경향이 뚜렷한데 최근 사회적으로 관심도가 높아지고 크게 반향을 일으키고 있는 '크라우드펀딩'이 좋은 예가 될 것으로 전망된다. 크라우드펀딩은 기존의 금융채널로는 자금을 공급 받지 못했던 사람들이 완전히 새로운 경로를 통해 참신한 아이디어를 사업화할 수 있도록 지원하는 소셜 플랫폼이다.

4. 우리나라의 창업환경

세계은행(WB)이 발표한 '2016년 기업환경평가(Doing Business)'에 따르면 우리나라의 창업환경은 비교적 양호한 편인데, 전 세계 190여개 국가 가운데 기업환경평가 종합순위 5위, 창업환경은 11위로 평가되었다.

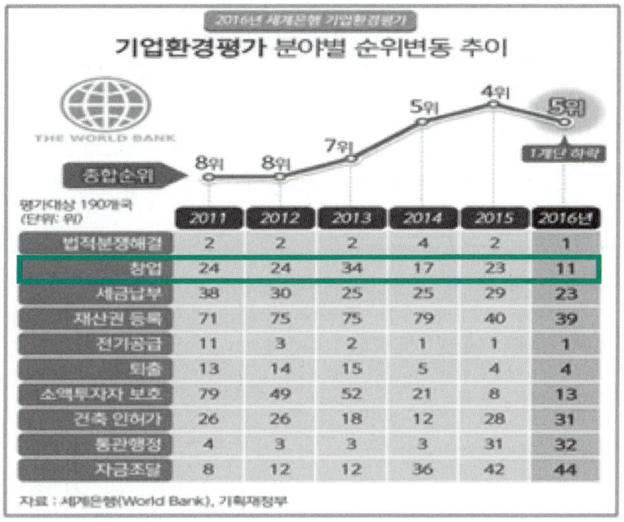

	2011	2012	2013	2014	2015	2016년
법적분쟁해결	2	2	2	4	2	1
창업	24	24	34	17	23	11
세금납부	38	30	25	25	29	23
재산권 등록	71	75	75	79	40	39
전기공급	11	3	2	1	1	1
퇴출	13	14	15	5	4	4
소액투자자 보호	79	49	52	21	8	13
건축 인허가	26	26	18	12	28	31
통관행정	4	3	3	3	31	32
자금조달	8	12	12	36	42	44

[그림 1–1] 세계은행 기업환경평가(2016년도)

세계은행의 기업환경평가는 국가별로 기업 생애주기에 따라 창업에서 퇴출에 이르는 10개 분야를 조사해서 비교 평가하는데, 창업 환경평가요소는 ① 창업에 소요되는 시간, ② 창업에 소요되는 비용, ③ 창업에 필요한 행정절차, ④ 창업에 필요한 최소자본 등 4가지로 각국의 창업환경을 평가하여 기업을 만들고 정리하는 과정에서 관련 제도가 얼마나 기업 친화적인지를 보는 것이다.

그러나 2015년 기획재정부 조사에 의하면 우리나라 신규창업자 99만 명 중 84만 명이 3년 안에 폐업하는 것으로 나타났다. 창업 성공율이 15%에 불과한 셈이다. 한편 통계청의 기업 생존통계에 따르면, 창업기업의 생존율은 1년 후 60.4%, 3년 후 39.3%, 5년 후 29.9%로 나타났는데, 10개 창업기업 중 1년이 지나면 4곳, 3년이 지나면 6곳, 5년이 지나면 7곳이 사라진다는 것이다.

평생 모은 퇴직금, 대출금 등을 다 동원하여 창업을 하지만 10명 중 채 3명도 성공하지 못한다는 뜻이다. 창업실패의 이유는 다양하지만, 최근 우리나라 소비침체와 세계 경제불황과 치열한 경쟁의 영향에 따라 창업이 그만큼 쉽지 않은 것이 현실이다. 이처럼 창업환경은 양호한데 창업실패율이 높다는 것은 아이러니하다. 이는 정부에서 창업을 활성화시키고자 하는 의지는 높아지고 있으나, 이를 뒷받침하는 창업자의 의지와 역량부족 및 이를 보완하는 창업 서비스교육 미흡이 혁신적인 창업기회 발굴을 저해하고 있다고 할 수 있다. 실제로 한 조사에 따르면 국내의 경우 청년창업에 대한 사회적인 저항감으로 인해 실질적 창업의지는 높지 않은 것으로 나타났다.

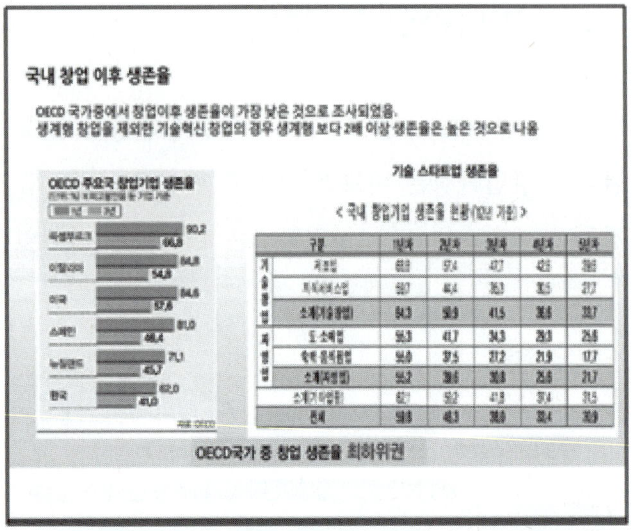

[그림 1-2] 우리나라 창업생존율(2015년 기준)

- '창업을 어떻게 생각하는가?'에 대한 조사에서

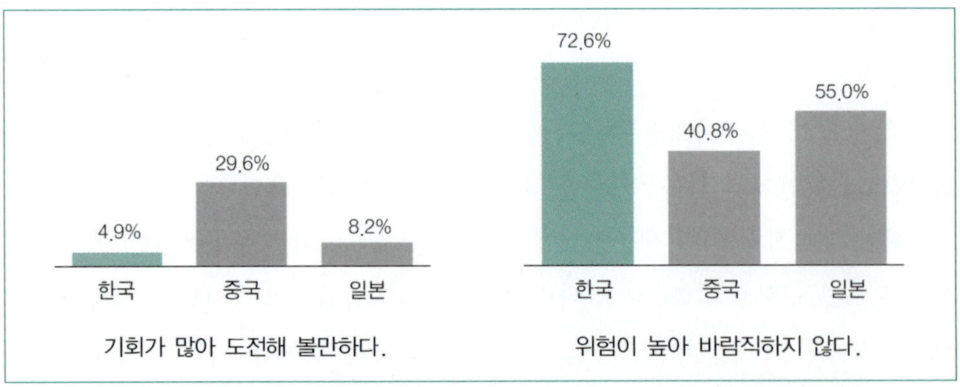

[그림 1-3] 한국, 중국, 일본 성인 3,000명에 대한 창업설문조사(2015년 기준)

한편, 다른 한 조사에 의하면 3년 이내 창업할 의사가 있는 인구의 비율은 전체 13%이며, 본인이 창업역량과 지식을 갖추었는지에 대한 비율은 27%로 OECD

국가 중 최하위로 나타났다.

이는 사업기회를 포착하는 역량부족 혹은 창업과 관련된 정보(기술, 금융, 생산) 등이 활발히 유통되고 있지 않을 가능성과 창업기관에서 보다 실질적인 창업교육의 노하우 및 정보전달 측면에서 상당히 미흡하다는 것을 의미한다. 따라서 창의적 아이디어를 가진 사람들이 적극적으로 창업에 나설 수 있도록 제도적 지원이 뒷받침되어야 하며, 우리나라 창업기업들의 생존율을 높일 수 있는 제도 개선이 필요하다. 미국의 경우 시장조사 기관인 'CB 인사이트'사에서 발표한 2015년도 미국의 135개 창업회사 실패원인 분석 자료에 따르면 시사하는 바가 크다.

〈표 1-2〉 미국 창업회사의 실패원인 통계자료(2015년도)

구분	자금 부족	제품의 질 빈약	마케팅 부족	수익예측 실패	창업 타이밍	기타	합계
비율	25%	18%	17%	14%	13%	13%	100%

5. 내부환경

기업의 외부환경에 대한 분석 외에 창업기업의 내부환경을 살펴보아야 하는데, 기업 내부의 강점과 약점을 분석해서 자신의 능력과 한계를 정확하게 파악하여야 한다.

내부환경이란 창업기업이 보유하고 있는 핵심역량, 조직, 인적구조 노하우, 기술과 관련된 사항들이다. 창업기업의 내부여건에 관한 철저한 분석이 있다면 외부 환경에서 주어지는 기회를 살릴 수 있는 기업의 강점이 무엇인지, 다가오는 위험을 모면하기 위해서는 어떠한 약점을 보완해야 하는지를 쉽게 파악할 수 있을 것이다. 내부여건에 대한 파악은 자신의 강점과 약점의 인지로부터 경쟁자의 경쟁력을 차별화하는 주요점이다.

어느 회사나 나름대로의 핵심역량을 보유하고 있는데, 과거에는 회사만이 가지고 있는 특이한 기술, 특허, 시설, 자원 등 가시적인 요소뿐만 아니라 최근에는 경험, 정보, 기술개발 능력, 네트워킹 및 디자인 능력 등 눈에 보이지 않는 요소들을 포함한다. 또한 회사가 추구하는 사업에 기여하는 주체로서 인적자원 역량과 조직을 들 수 있는데, 여기에는 창업자의 경험, 지식, 인성뿐만 아니라 창업기업의 비전, 사명, 가치관 그리고 혁신적인 조직문화, 창의성, 마케팅지향적 사고 등을 포함한다. 최근에는 기술관련 사업이나 벤처창업의 경우 CEO나 회사의 핵심인적 역량을 보고 투자하는 경우가 많은데, 이러한 점들이 중요한 내부환경 요인이라 할 수 있다.

6. 경영환경과 SWOT 분석

창업에서 시장과 경영환경에 대한 분석을 함으로써 어떠한 방향으로 사업을 전개해야 하는지를 파악할 수 있다. 창업을 하기 위한 경영환경 분석을 통해 파악된 자료를 가지고 기업의 강점과 약점, 기회와 위협요인을 파악하는 과정을 거치게 되는데 그것이 바로 SWOT분석이다.

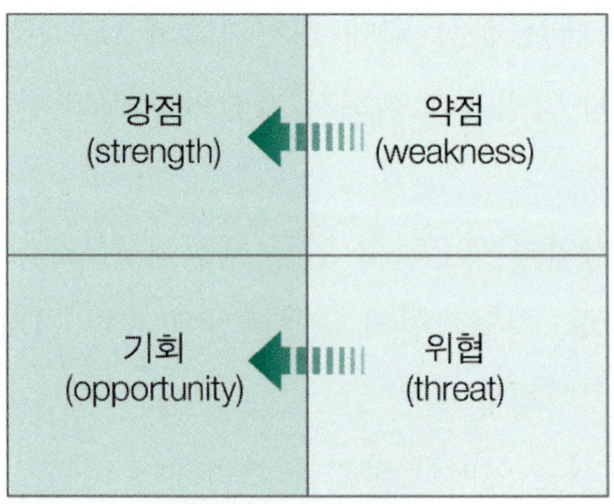

[그림 1-4] SWOT분석의 틀

SWOT(strength, weakness, opportunity, threat) 분석은 기업 내부의 강점과 약점, 외부의 환경이 기업에 영향을 미칠 수 있는 기회와 위협요인을 찾아내어 경영전략을 수립하는 기법이다. 이 SWOT 분석을 통해 기업은 외부환경인 기회와 위협을 파악한 후 기회는 활용하고 위협은 회피하려는 전략을 수립하고 기업내부의 강점과 약점을 파악하여 강점은 강화시키고 약점은 극복하는 전략을 수립하면 된다.

Chapter

02

창업아이템 선정과 사업타당성 분석

창업에 있어서 가장 중요한 것은 무엇인가? 창업의 근간을 이루는 가장 핵심적인 요소는 바로 사업아이템을 선정하는 일인데, 창업아이템 선정은 창업자금 조달과 함께 사업의 성공 여부를 결정 짓는 가장 중요한 요소이다.

창업아이템은 사업아이디어를 통해 창업의 목적달성을 위한 수단으로서 최종 산출물인 상품 혹은 서비스를 의미한다. 창업아이템은 성장 가능성이 있어야 하며 현재뿐만 아니라 사업을 하는 동안 지속적으로 시장에서 그 가치를 인정받아야 한다. 이를 위해서 창업아이템은 고객의 니즈(needs)를 반영하면서 경쟁자와는 다른 차별화된 요소를 가지고 있어야 성공을 기대할 수 있다.

그렇다면 창업 시 유망한 아이템은 어떤 것인가? 수익성이 높고, 지속적인 성장이 가능하며, 안정적인 매출이 보장되고 자금회전율이 높은 업종이라면 가장 이상적일 것이다. 그러나 완벽한 아이템은 이 세상에 존재하지 않는다. 시장에서 모든 업종의 사업아이템은 도입기부터 성장기, 성숙기, 쇠퇴기의 라이프사이클을 거치게 되어 있으므로 유망한 아이템은 성공이 보장되는 것보다는 시장에서 가능한 한 비수기보다는 성수기가 길고 경기에 덜 민감하며 수익이 지속적으로 유지되는 업종으로 이해하면 될 것이다. 이러한 아이템을 선정하기 위해서는 새로운 아이디어, 기술 및 비용과 시간 투자를 고려하여 신중히 검토하여야 한다.

본 장에서는 창업아이템 선정 및 사업타당성 분석에 대하여 살펴본다.

1. 창업아이템 선정

1. 창업아이템 선정의 기본요건

창업아이템은 기본적으로 창업자의 적성과 능력, 상품과 서비스의 시장성, 수익성 및 경쟁력을 바탕으로 다음과 같은 점을 고려하여 선정하여야 한다.

① 자신의 적성과 경험 및 능력 대비 사업수행 적합성 여부

② 해당 아이템의 시장에서의 경쟁력, 성장성 정도

③ 해당 아이템의 매출액 및 적정 수익성 확보 여부

④ 해당 아이템의 경쟁자와 다른 차별성 존재 여부

⑤ 해당 아이템에 대한 잠재수요와 지속적 공급 가능 여부

⑥ 시장분석상 입지가 해당 아이템에 적합한 업종인지 여부

⑦ 조달자금 대비 수익 및 투자원금 회수 적정성 여부

⑧ 경쟁업체와의 분쟁 가능성 등 위험요인 존재 여부

〈표 2-1〉 창업아이템 선정 시 세부 고려사항

구 분	선정기준
적성, 능력의 적합성	• 해당 업종이 창업자의 적성 및 성향에 맞는가? • 해당 업종에 대한 경험, 지식 및 사업수행 능력은 있는가? • 해당 업종의 창업자금 조달능력은 가능한가?
시장성, 경쟁력 전망	• 해당 지역에서의 시장분석상 입지가 해당 업종에 적합한가? • 해당 아이템의 라이프 사이클이 도입기 또는 성장기 업종인가? • 시장의 경쟁력은 우수하며 성장전망은 양호한가?
수익성 양호 여부	• 해당 업종에 대한 투자비용 대비 수익전망은 양호한가? • 손익분기점은 얼마이며, 흑자실현은 언제 가능할 것인가? • 인테리어공사 등 고정비가 권리금화에 유리한가?
상품성 우수 여부	• 고객입장에서 가격에 비해 유용한 상품인가? • 고객에게 인기도와 타 경쟁업체 대비 차별성은 있는가? • 상품조달 및 계속적인 공급은 용이한가?
위험요소 존재여부	• 해당 업종의 인·허가문제에서 미비한 점은 없는가? • 경쟁업체 및 거래업체와의 분쟁 소지는 없는가? • 위험요소 및 실패위험은 없는가?

2. 창업아이템의 원천

좋은 아이템은 창업하고자 하는 자에게 사업기회를 포착하는 발판을 마련해 주는 원천인데 예비창업자는 많은 사람들과의 접촉, 전문가 상담, 관련분야 종사자, 창업박람회, 타 창업자 아이디어 벤치마킹, 인터넷 창업관련 사이트 검색 등 다양한 정보를 활용하여 사업아이템을 찾을 수 있다. 창업아이템, 즉 사업아이디어는 어디에서 어떻게 찾아낼 수 있을까? 사업아이디어 원천은 다음과 같이 다양하다.

❶ 경험: 새로운 사업아이디어를 찾는 가장 좋은 방법으로 본인이 경험한 작업 현장에서 기존 상품의 개선, 서비스의 개량 등을 통해 아이디어를 얻는 경우

❷ **취미**: 평소 좋아하던 본인의 취미가 사업아이디어로 연결되는 경우

❸ **벤치마킹**: 타 창업자의 아이디어나 창업사이트 및 창업박람회 등을 통한 아이템을 얻는 경우

❹ **우연한 발견**: 창업자의 예리한 통찰력, 관찰력, 메모하는 습관이 기반이 되어 얻어지는 경우

❺ **적극적 제안**: 심사 숙고하여 얻어낸 아이디어를 바탕으로 시장수요에 따라 상품을 개발하는 경우

❻ **일상의 행위**: 일상생활에서 불편함을 유심히 관찰하며 개선하고자 하는 중에 창업을 위한 아이디어를 얻는 경우

❼ **권리취득**: 발명가들로부터 새로운 아이디어의 권리를 취득하거나 연구소 및 대학 연구기관 등을 통해 아이디어를 획득하여 상품화하는 경우

3. 창업자의 성향과 아이템 선정

창업에 있어서 자금이 풍부하고 유망한 아이템이라고 해서 반드시 성공을 보장할 수 있는 것은 아니다. 창업자는 자신의 적성과 성향에 맞는 업종을 선택하는 것이 매우 중요한데, 자신의 성격에 맞는 업종을 선택해야 열정과 흥미를 가지고 일할 수 있기 때문이다. 자신이 조달할 수 있는 자금 여력뿐만 아니라 자신의 경험, 경력 및 적성에 맞는 업종을 선택해야 그만큼 성공 가능성이 높고 사업의 지속성을 유지할 수 있다.

(1) 외향형

- 외향적이고 사교성이 많으며 적극적이고 활동적인 성격
- 다른 사람과 어울리기를 선호하는 유형으로 다양한 업종에 적합함
  예) 홍보 및 광고업, 세일즈업, 창업이벤트업, 유통판매업, 여행업 등

(2) 내향형

- 내향적이고 진지하며 차분한 성격의 소유자
- 본인이 별다른 영업활동 없이도 고객이 찾아오는 업종에 적합함

  예) 생활용품 전문점, 꽃가게, 컴퓨터 학원, 독서실, 경영컨설팅업 등

(3) 아이디어형

- 아이디어가 많고 진취적이며 도전정신이 강한 성격의 소유자
- 지식기반과 벤처사업 등 모험성이 높은 미래지향적 업종에 적합함

  예) 발명사업가, 벤처사업가, 정보통신업, 창업컨설팅업 등

(4) 원칙주의형

- 자존심이 강하고 원칙주의를 선호하는 성격의 소유자
- 전문성이 강한 기술직 종사자나 공급자 중심 사업에 적합함

  예) 전기수리업, 외식업, 금융서비스업, 통신판매업 등

(5) 저돌적 추진형

- 강한 추진력이 있고 저돌적인 성격의 소유자
- 종업원 통제 및 관리가 능함, 고객접대 노하우가 필요한 사업에 적합함

  예) 오락 이벤트업, 대규모 기획가 등

(6) 친화적 인내형

- 다소 사교적이고 인내심이 강하며 끈기가 있는 성격의 소유자
- 어떠한 상황에도 남을 배려하는 서비스 업종에 적합함

  예) 전문음식점, 배달서비스업, 택배업 등

4. 연령별 창업유형 선택

일반적으로 연령에 맞는 창업형태와 그 판단기준을 생각해 볼 수 있는데, 연령별 창업유형은 모험창업, 기반창업, 전문창업, 안전창업 등으로 나누어 볼 수 있다. 각 연령대별 창업역량과 약점 및 강점이 있을 수 있다. 예를 들어, 20대에 창업을 하는 경우 참신한 '아이디어와 패기'가 큰 강점일 수 있으나 '자금조달' 능력은 큰 약점으로 들 수 있다. 따라서 20대 연령층의 경우 자신의 아이디어를 현실화시킬 수 있는 자금확보 방안을 마련하거나 적은 비용으로 시작할 수 있는 아이템을 선정하는 것이 바람직하다. 일반적으로 50세가 넘어서 새로운 사업을 시작한다는 것은 현실적으로 상당한 제약이 따른다. 물론 50세 이후에 창업을 하더라도 사전에 장기적으로 계획하고 꾸준히 준비해온 창업자라면 모르겠으나, 새로운 사업에 뛰어든다는 것은 그 만큼 용기가 필요하고 위험부담이 큰 것이다.

〈표 2-2〉 연령별 창업유형과 판단기준

연 령	창업유형	판단기준
20~30세	모험창업	• 본인의 전공과 직업에 관계없이 어떤 분야든 선택 가능 • 실패는 오히려 자산이 될 수 있으며 재기 가능성이 높기 때문에 모험창업의 정당성을 확보할 수 있음
31~35세	선택창업	• 본인의 적성에 맞는 업종을 선택하여 창업하는 것이 바람직함 • 창업아이템 발굴 시 본인의 적성과 업무와 상관관계를 고려하여 선택해야 성공 가능성이 높음
36~40세	기반창업	• 사회 생활에서 닦아놓은 기반을 활용한 창업이 바람직함 • 어느 정도 불확실성이 배제된 아이템 선택이 중요하며 장기적인 안목으로 지속성 있는 사업추진에 집중하여야 함
41~50세	전문창업	• 학력을 불문하고 본인의 업무분야에서는 최고의 전문가임을 활용하여 창업을 하는 것이 바람직함 • 해당 분야의 전문성과 경험이 주요 선택 요인임
51세 이후	안전창업	• 사회경륜과 지식은 풍부하나 많은 지식과 경험이 오히려 의사결정을 하는 데 장애가 될 수 있음 • 리스크가 없는 안전한 창업아이템 선택이 중요

이러한 연령별 창업성공 기준은 절대적인 것은 아니지만 이러한 원칙을 지킬 때 사업실패와 시행착오를 최소화할 수 있고 나아가 창업의 성공 가능성을 높일 수 있다. 각 연령별 창업유형과 판단기준은 〈표 2-2〉와 같다.

■ 창업아이템과 업종의 선택

창업아이템을 선정할 때 먼저 고려해야 할 사항은 업종을 선택하는 일이다. 어떤 특정한 상품이나 제품을 취급하는 제조업이냐, 유통업이냐 아니면 단순한 판매업만 영위하느냐, 그리고 각종 지식, 경험, 정보 등을 제공하는 서비스업을 운영할 것인가를 우선 결정하여야 하는데, 업종을 선택할 때는 다음과 같은 판단 기준을 가지고 결정하는 것이 바람직하다.

첫째는 창업자의 경험과 적성 및 취향에 맞는 관심분야를 고려해야 한다. 제조업의 경우는 도소매업에 비해서 풍부한 경험과 지식이 요구되는 분야이며, 서비스업은 창업자의 능력자체가 사업의 핵심요소가 되는 경우가 대부분이다. 따라서 제조업을 창업하고자 하는 경우는 가능한 한 도소매업을 경영해 보거나, 최소한 제조업체에 근무한 경험이 있거나, 간접적으로 참여한 경우에 선택하여야 한다. 제조업체에서 생산, 판매, 관리 분야 중 적어도 2개이상 분야에 경험을 쌓아서 창업한다면 그만큼 성공 가능성은 높다고 할 수 있다.

서비스업은 사무직 종사자나 또는 지식산업분야 종사자들에게 적합하며 도소매업이나 유통업은 제조업보다는 비교적 비전문가가 접근하기 쉬운 분야라 할 수 있다.

둘째는 창업자의 자금조달 능력을 고려하여야 한다. 제조업의 경우 일반적으로 도소매업과 유통업, 서비스업에 비해 상대적으로 많은 자금을 필요로 한다. 유통업이나 도소매업의 경우에도 취급상품이나 점포규모에 따라서 소요되는 사업자금 규모가 천차만별이다. 서비스업 경우에도 업종의 종류와 유형에 따라서 상당한 자금이 필요한 경우가 있는 반면, 유통업이나 도소매업에 비해 적은 자본으로도 창업할 수 있는 아이템이 상대적으로 많다고 할 수 있다. 따라서 창업자의 자기자본과 차입규모와 능력을 고려하여 업종을 선택하여야 한다.

셋째는 창업자에게 도움을 주는 각종 정부의 지원정책과 금융지원 등 수혜가능성을 살펴보아야 한다. 우리나라는 창업자에게 제공되는 창업자금 및 다양한 지원정책 인프라가 비교적 잘 발달되어 있는 편이다. 정부와 지방자치단체, 공공기관 그리고 창업투자회사, 창업투자조합, 소상공인 창업지원센터, 시중은행, 신용보증기금, 창업보육센터 등이 자금지원을 하고 있다. 특히 제조업의 경우는 제조업 지원특별법의 규정에 의해서 정부기관, 지자체 및 금융기관의 금융지원 제도가 다양하기 때문에 자기자본이 전혀 없는 예비창업자가 제조업을 창업하는 경우에는 창업아이템의 특성에 따라 활용할 수 있는 자금이 많다. 반면 도소매업, 유통업 및 서비스 업종은 주로 소상공인 창업지원 자금을, 우수아이디어를 보유한 청년층이 지식서비스업, 문화콘텐츠업 등의 창업인 경우 청년창업전용자금 등을 이용하면 효과적이다. 따라서 자금지원이 필요한 경우는 본인의 창업아이템이 각종 정책자금의 지원대상에 해당되는가를 먼저 파악한 후 관련기관에 찾아가 구체적인 지원요건 및 지원절차를 알아보는 것이 중요하다.

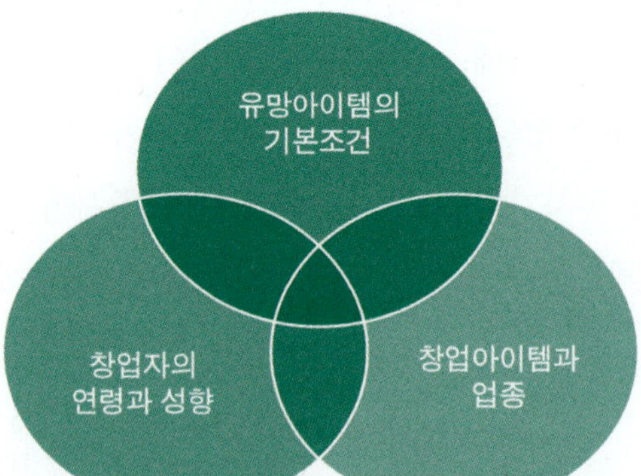

[그림 2-1] 창업아이템 선정의 3요소

2. 사업타당성 분석

1. 사업타당성 분석의 의의

지금까지 우리나라 창업환경은 비교적 양호하나 창업 후 실패하는 사례가 비교적 많다는 것을 살펴 보았는데, 창업실패 원인 중 가장 큰 요인은 '창업에 대한 준비부족'이다. 준비부족이란 말은 사전에 사업타당성 분석이 제대로 이루어지지 않았다는 의미이다. 창업자가 아이템을 선정하여 사업을 개시하기 전까지 해당 사업의 성공 가능성에 대하여 객관적이고도 냉철한 검증절차를 거쳐야 하는데, 이 과정이 바로 사업타당성 분석이다. 사업타당성 분석은 단순히 사업의 성공가능성 여부를 객관적으로 검토하는 목적 이외에 창업과정에서 반드시 확인해야 할 창업성공의 핵심포인트, 즉 해당 사업아이템이 창업자의 적성에 맞는지, 창업자는 해당 사업에 대한 경영능력은 있는지, 상품의 시장성은 충분하며 판매전망은 어느 정도인지, 경쟁상품과 비교하여 어떠한 장점을 가지고 있는지, 사업의 수익성은 충분하며 자금조달의 문제점은 없는지 등 사업수행상 제반 사항들을 검토하는 것이다. 대부분 창업자가 이러한 사업타당성 조사를 소홀히 하거나 본인 입장에서 유리하게 판단하고 사업을 시작하는 경우가 많은데, 이런 경우가 곧 실패의 요인이 된다. 따라서 아무리 규모가 작고 사업내용이 간단한 창업일지라도 반드시 거쳐야하는 과정이다.

2. 사업타당성 분석의 필요성

사업타당성 분석은 사업을 추진하는 과정에서 나타날 수 있는 여러 가지 문제점과 위험요소를 사전에 점검하여 창업자가 해당 사업을 추진해도 좋을지 여부를 재확인하는 과정이다.

첫째는 창업자 자신의 주관적인 사업구상이 아닌 객관적이고 합리적인 사업타당성 분석을 통해 사업시작 전 위험요소를 확인하고 약점을 보완함으로써 창업을 실패로부터 지켜줄 수 있는 좋은 방법이다.

둘째는 창업자가 독자적으로 점검해 볼 수 없는 세부항목들을 분석하고 평가하므로써 해당아이템에 대한 세부 요인들을 사전에 점검하여 창업자는 앞으로의 사업 전개방향과 강점, 약점, 위협요인, 기회요인을 분석함으로써 효율적인 경영을 수행할 수 있다.

셋째는 창업자가 구상한 사업아이템의 시장성, 예상되는 적정 수익성, 일정기간 지속 가능한 성장성 등을 분석하여 사업개시 전 미처 인지하지 못한 부분을 확인하여 시행착오를 줄임으로써 창업의 성공율을 높일 수 있다.

3. 사업타당성 분석의 절차와 평가요소

사업타당성 분석은 사업시행 전에 성공 가능성을 합리적으로 분석 평가하는 과정으로, 그 절차는 먼저 후보 사업아이템을 탐색하고 이 아이템들에 대한 예비사업성 분석을 통해 선별과정을 거친다. 이 작업을 통해 후보 아이템을 비교 평가하여 우선 순위를 결정하고 성공 가능성이 희박한 아이템들은 과감하게 버리고 가장 우수한 최적 아이템을 선정하는데, 사업타당성 평가하는 요소는 창업자의 사업수행 능력, 아이템의 시장성과 경쟁력, 수익성 및 성장성이며 분석 과정은 아래 [그림 2-2]와 같다.

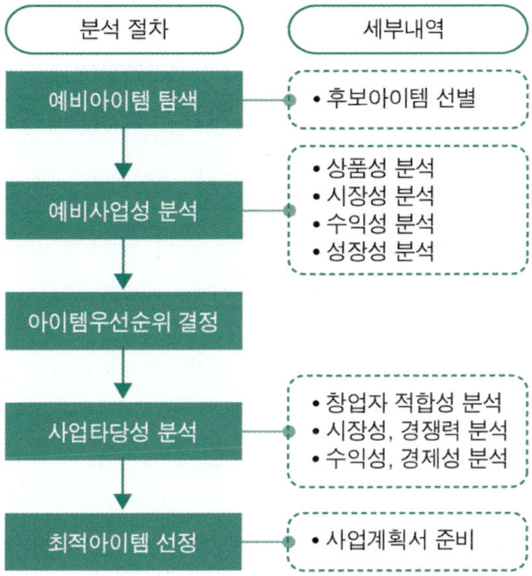

[그림 2-2] 사업타당성 분석 절차

(1) 사업 수행능력 및 적합성

창업의 성패는 창업자가 계획한 사업에 대한 수행능력과 자질 그리고 해당업종에 대한 적합성에 의거해서 평가할 수 있다. 개인이나 기업이나 어떤 사업에 대한 성공과 실패는 가장 중요한 인적 요인에 의해서 좌우된다. 창업의 성공 여부도 결국은 창업자의 능력과 자질이 어느 정도 되느냐에 따라 결정되는데, 특히 신규 창업의 경우 창업자의 계획사업 수행능력과 앞으로 경영하고자 하는 업종에 대한 경험, 지식 및 관련성이 핵심요소가 된다. 사업을 성공적으로 이끌기 위해서는 창업분야에 관련된 선행지식이나 경험 그리고 환경변화에 대처할 수 있는 능력 이외에 창업자의 결단력, 책임감, 의지력 및 조직을 이끌어 나갈 수 있는 리더십이 중요한 요소라 할 수 있다. 또한 창업자가 타고난 성향과 기질 그리고 해당 사업아이템에 대한 호감도 등은 사업을 얼마나 오랫동안 끈기 있게 추진할 수 있는가에 대한 고려사항이라 할 수 있다. 따라서 사업타당성 분석 시 가장 먼저 검토되어야 할 사항이 바로 창업자의 사업 수행능력과 적합성 분석인 것이다.

그런데 이러한 사업수행능력과 적합성을 가장 잘 판단할 수 있는 사람은 바로 본인이라 할 수 있다. 그러나 동시에 자기자신을 객관적으로 평가할 수 없는 것이 자기평가이다. 따라서 창업자 자신만이 사업참여를 결정해서는 안 되고, 창업자의 자질과 장단점을 잘 아는 동료나 지인 또는 전문 컨설턴트를 통해서 충분한 검토과정을 거쳐 객관적으로 평가하는 것이 합리적인 자기평가 방법일 것이다.

(2) 시장경쟁력과 성장성

시장경쟁력 분석이란 사업을 시작하기 전에 해당 상품 또는 서비스 시장의 크기는 어느 정도인지, 성장 잠재력과 유사상품의 수요추이는 어떠했는지를 분석해 보는 것인데, 해당 아이템에 대한 고객 선호도와 반응은 어느 정도인지, 상품 품질이 시장에서 기존상품과 경쟁에서 우위를 점할 수 있는 경쟁력 정도를 파악하는 것이다. 여기에는 시장의 일반적인 특성, 가격경쟁력, 소비자 인지도, 주요 거래처, 고객의 특성, 고객 변화 추세, 유통경로의 특성 등과 경쟁사의 강점, 약점 및 영업 현황 등을 분석하는 것들이 해당된다. 또한 해당 아이템에 대한 향후 잠재고객 추세와 소비자 성향에 따른 매출 전망은 어떠한지, 아이템의 사업발전 단계상 도입기 또는 성장기 아니면 이미 시장에서 사라지고 있는 단계는 아닌지를 파악해 보아야 한다.

아무리 좋은 상품을 만든다고 하더라도 해당상품이 시장에서 판매되지 않는다면 사업의 의미가 없다. 시장경쟁력 분석의 최종 목적은 앞으로 생산예정인 상품이나 서비스가 시장에서 얼마나 팔릴 것인가, 향후 증가추세는 어떻게 변할 것인가 등 사업성패를 사전에 판단할 수 있는 중요한 정보를 얻는 것이라 할 수 있다.

(3) 수익성과 경제성

수익성과 경제성 분석은 계획한 사업을 통해 실현 가능한 모든 수익과 비용자료를 추정하고 분석 검토하는 것을 말한다. 계획한 아이템이 성공적으로 생산되어 예상된 적정판매량이 실현된다 하더라도 적정 수익을 실현하지 못한다면 그 사업은 결국 성공 가능성이 없는 것으로 판정할 수밖에 없는 것이다. 따라서 사업의 경제성 평가는 새로운 계획사업이 타당성 여부를 판단하는 기준이 되는데, 좋은 아이템으로 시장에서 경쟁력이 있는 상품을 성공적으로 생산하여 판매하던 신규 창업자가 높은 비용발생과 결재지연 등으로 사업초기 단계에서 중단하는 경우가 상당히 많다는 것이다.

수익성 분석에서 가장 중요한 평가사항은 수익전망과 손익분기점 분석(breakeven point analysis)이다. 수익 전망은 창업 후에 과연 이익이 발생하는 시점이 언제부터인가 하는 점이다. 보통 2~3년 이내에 매출에 대한 순이익 실현 여부를 분석해 본다. 이러한 수익성 전망은 자금계획 수립과 밀접한 관련이 있기 때문에 자금회전의 어려움으로 사업의 위기를 초래하지 않기 위해서는 수익 전망 분석이 매우 중요하다.

손익분기점이란 영업활동으로 발생하는 수익과 비용이 일치하는 점을 말하는데, 이 시점에서는 기업의 이익도 손실도 없다. 손익분기점 분석을 통해 이익이 창출되려면 매출액이 어느 정도 이상이어야 하며 그 시점은 언제이며 어느 정도의 기간이 지나야 하는가를 추정한다.

창업기업에 있어서의 손익분기점에 해당하는 시점은 상당히 중요한 의미를 갖는다. 왜냐하면 손익분기점을 무사히 넘겼을 때 기업이 비로소 정상궤도에 진입하여 본격적인 이익을 창출할 수 있는 시점이 되기 때문이다. 따라서 손익분기점 분석은 자금수급계획의 기준이 되는 동시에 사업성패의 관건이 된다고 할 수 있다. 손익분기점 산출방식은 다음과 같다.

ㅇ 손익분기점(BEP) = 고정비/[1−(변동비/매출액)]
[손익분기점의 매출액은 순이익이 0이 되는 지점이며,
즉, 매출액 - 변동비 - 고정비 = 순이익(0) 이다]

(4) 자금수급 능력과 위험요인

자금수급 및 조달능력은 창업아이템이 시장성과 수익성이 있는 사업이라도 그 사업에 필요한 적정 자금규모는 어느 정도이며, 자금을 적기에 차질 없이 조달할 수 있는지, 그리고 조달된 자금을 상환조건과 기간에 따라 원만하게 상환할 수 있는지 여부를 검토하는 것이다.

사업규모는 창업자의 자금조달 능력에 따라 결정된다. 자금조달과 운용계획은 먼저 총소요자금 규모에 따라 자금계획을 수립하고, 총소요자금 대비 자금조달 계획이 수립되면 자금조달 능력을 검토하여야 한다. 자금조달 능력은 창업자의 신용도, 담보력, 업종에 따른 정책자금 차입규모 등을 검토하여야 하며, 자금조달에 따른 위험수준을 확인하여 조달 범위를 창업여건에 맞게 조정하여 결정하여야 한다. 다음은 자금조달 능력의 적정성 평가인데 자금조달 능력이 계획대로 되지 않으면 사업규모를 줄이지 않으면 안 된다.

자금조달 계획이 아무리 정확하게 산출되었다 하더라도 사업을 하다보면 추가로 자금이 소요되는 경우가 다반사이기 때문에 안정적인 사업추진을 위해서는 적정 여유자금 확보가 필수적이다.

차입금으로 자금을 조달할 경우 먼저 상환능력을 검토하여야 하는데, 차입금 상환 계획을 소홀히 할 경우 상환기간이 일시적으로 도래하는 상황이 발생할 때는 사업이 큰 곤경에 처할 수 있다. 따라서 상환능력 검토 시에는 매출액과 수익규모 및 증가율을 감안하여 조달계획을 수립하지 않으면 안 된다.

사업 위험요인 분석은 사업의 성패에 결정적인 영향을 미치는 사업타당성 분석의 최종 단계라 할 수 있다. 위험요인 분석은 사업경영에 결정적인 영향을 미칠 수 있는 요소의 존재 여부와 여기에 대응할 수 있는 방안 수립을 전제로 검토하여야 한다. 창업에 대한 위험요인은 창업 업종이 제조업이냐 도소매업이냐 아니면 서비스업이냐에 따라 달라질 수 있으며, 그 업체의 특성에 따라 상이할 수 있기 때문에 위험요인 중 해당기업의 성패에 중대한 영향을 미치는 항목을 선택하여 그 항목의 변화정도에 따라 사업에 어느 정도의 영향을 미치는가를 분석하여야 한다.

〈표 2-3〉 사업타당성 평가요소

평가요소	세부항목
창업자의 사업수행 능력 및 적합성	• 창업자의 적성과 자질 • 창업자의 리더십, 결단력 • 창업자의 관련 업무 경험과 지식 • 업종과 아이템 선택의 적합성 • 창업자의 사업수행 능력
시장 경쟁력과 성장성	• 해당 아이템에 대한 고객 선호도 • 시장에서의 소비자 성향 • 상품에 대한 라이프 사이클 분석 • 잠재고객의 증가추세 • 동종업체와의 경쟁상태 • 경쟁상품의 출현 가능성
수익성과 경제성	• 예상매출 및 수익 전망 • 투자수익 및 손익분기점 분석 • 시장 규모와 시장 점유율 • 계획사업의 경제성 평가 • 기타 재무적 타당성 분석
자금수급 및 성장성	• 소요자금의 규모 및 조달 가능성 • 자금조달 운용계획 실현 가능성 • 차입금 상환 능력 검토 • 성장 가능성 • 해당 사업에 대한 위험요인 검토

4. 사업계획서 작성

성공적인 창업을 위해서는 사업의 전반적인 활동과 실행을 위한 사업계획서 작성이 필요하다. 사업계획서란 사업을 어떤 방향으로 끌고 나가며 어떻게 목표에 도달할 수 있는지에 대하여 객관적으로 설득할 수 있게 하는 행동지침이며 문서화된 창업계획서이다.

창업자가 사업계획서를 작성해야 하는 이유는 다음과 같은 목적을 위해서이다.

- 사업계획에 대한 타당성 검토 기회가 된다.
- 사업계획서는 창업에 대한 시행착오를 줄여준다.

- 창업초기 사업목표를 달성하기 위한 지침서가 된다.
- 사업파트너 또는 투자자를 찾는 자료로 활용할 수 있다.
- 사업 인허가, 금융지원 등 공공기관 제출용도로 필요하다.
- 사업과 관련된 이해 관계자들에게 활용자료로 유용하다.

(1) 사업계획서의 내용

사업계획서는 사업아이템부터 사업의 특성, 사업형태, 자금계획 및 사업추진 일정 등 세부적인 설명이 구체적으로 포함되어야 한다.

〈표 2-4〉 사업계획서의 내용

항목	내용
사업의 개요	• 창업의 개요와 사업타당성 및 강점 • 창업의 업종, 업태 및 운영계획에 대한 개요
사업의 형태	• 개인 또는 법인사업자와 회사의 형태 • 회사의 경우 출자자와 출자비율
시장현황 및 특성	• 사업장의 입지 및 점포확보 계획 • 상권의 특성과 경쟁상대의 현황 및 특징 • 시장규모 및 향후 전망과 SWOT분석
자금조달 및 운용	• 창업 소요자금, 조달 및 운용에 관한 계획 • 운전자금의 조달, 운용 및 차입금 상환계획
사업추진 계획	• 조직 및 인원계획, 제품조달 및 생산계획 • 마케팅 및 판매계획, 사업추진 일정계획
재무현황	• 예상 수익과 비용 계산에 관한 사항 • 추정 손익계산서, 판매 및 일반관리비 명세서

(2) 사업계획서와 사업설명서

사업계획서를 바탕으로 사업내용을 구체적으로 설명할 때 필요한 자료가 사업설명서이다. 사업아이디어나 아이템이 아무리 훌륭하여도 사업계획 관련 이해관계자들에게 의미있게 전달하지 못하면 원하는 목표를 달성하기 어려울 수도 있다. 사업설명서는 사업파트너, 잠재적 투자자와 공공 기관 등 사업추진에 필요한 세부 내용들을 관련 당사자들에게 설명할 때 필요한 것이기 때문에 치밀하게 준비하여 설득력 있게 작성하여야 한다.

일반적으로 좋은 사업설명서란 다음의 조건을 갖추어 작성한다.

〈표 2-5〉 사업설명서의 내용

구분	원 칙	내 용
1	주요 결론을 먼저 언급한다	주요 결론 부분을 강조하고 이를 입증하며 설명한다
2	각 항목에 핵심을 부여한다	각 항목에 주제를 설정하고 핵심메시지를 전달한다
3	요점을 명확히 전달한다	주요 이슈에 대하여 요점을 명료하게 정리한다
4	간단한 요약본을 준비한다	사업개요를 한 장에 핵심을 정리하여 배포한다
5	객관성과 정확성을 유지한다	입증되지 않거나 모호한 표현을 자제한다
6	내용을 구체적으로 기술한다	추상적이거나 가정에 기초한 주장보다 구체적으로 설명한다
7	문제점을 요약하고 해결책을 제시한다	사업의 주요 이슈와 문제점을 열거하고 실제적인 해결 방안을 제시한다

Chapter

03

상권분석과 입지선정

상권(trade area)이란 고객을 끌어들일 수 있는 지역적 범위를 말하는데 고객이 흡인되는 지리적 여건으로서 해당지역 점포나 사무실 그리고 거주지역이라고 할 수 있다.

이러한 상권에는 해당지역에 유입되는 실질적 고객과 잠재적 고객이 포함되어 있는 공간을 의미하며 규모에 따라 지역상권, 지구상권, 지점상권으로 구분하기도 한다.

창업에 있어서 상권분석은 매우 중요하며 입지선정과 관련이 깊다. 상권분석이란 상권 전체의 현황과 잠재력을 파악하는 것으로 매출과 직결되며 잠재수요를 추정하고 수익을 예측하는 데 필수적인 과정이다. 정밀한 상권분석을 생략한 채 창업을 추진하는 것은 매우 위험한 일이며, 상권분석을 통해 상권에 대한 올바른 이해와 마케팅 전략을 세워나가는 일은 창업성공을 위한 전제 조건이다.

본 장에서는 상권분석 기법 및 입지선정에 대한 방법들을 살펴보고자 한다.

1. 상권분석

1. 상권분석의 개념

상권분석은 창업자가 예비 점포입지에 대하여 사전에 사업성이 있는가를 검토하여 입점을 결정하는 데 결정적인 역할을 한다. 상권은 잠재고객이 어느 지역에 거주 또는 분포하느냐 하는 것으로 유동적인 반면에, 입지는 사업장의 위치 선정문제로서 사업장이 위치한 곳이 사업을 영위함에 있어 어떤 여건에 있느냐 하는 것을 말한다.

상권은 변할 수 있지만 입지는 한번 결정하고 나면 일정기간 동안 고정될 가능성이 크기 때문에 신중하게 결정하여야 한다. 따라서 우수한 점포입지를 선정하는 것은 사업을 성공적으로 이끄는 첫 단추가 되는 것이다. 특히 소매업 및 서비스업 창업의 핵심은 좋은 상권과 입지선정에 있다. 아무리 유망한 업종을 선정하고 사업계획을 훌륭하게 세웠다 하더라도 상권과 점포의 입지가 좋지 못하면 사업에 성공하기 힘들다.

2. 상권의 구분

(1) 매출액과 근접성 기준

상권은 고객들이 거주하거나 활동하는 거리 및 매출액을 중심으로 일반적으로 1차 상권, 2차 상권, 3차 상권으로 구분할 수 있다.

1차 상권이란 보통 도보로 5분 내 거리이면서 반경 약 500미터 이내 범위에 해당된다. 이 지역은 전체 점포 이용객의 60~70%를 포함하는 범위를 의미하며 점포에 가장 근접해 있고 내점 빈도나 매출액 비중이 가장 높은 지역이다.

2차 상권이란 1차 상권 외곽에 위치하며 전체 점포 이용고객의 20~30%를 포함하는 지역이다. 1차 상권에 비해 고객들이 넓게 분산되어 있어 고객의 접근성이 떨어지며 도보로 15분 이내의 거리로 반경 약 1킬로미터 이내이다.

3차 상권은 1차 및 2차 상권에 포함되는 고객 이외의 나머지 고객들이 거주하는 상권범위로 한계상권(fringe trading area)이라고도 한다. 고객들의 거주지역은 광범위하게 분산되어 있고 점포에 미치는 영향은 미미하다. 그러나 상권은 업종의 종류나 점포크기, 상품의 다양성, 경쟁점포 현황, 도로상황 및 마케팅 활동 등에 영향을 받는다.

(2) 입지 특성에 의한 구분

입지 특성에 따른 상권은 도시의 특성에 따라 주택가 상권, 아파트 상권, 학교 주변 상권, 사무실 밀집 상권, 번화가 상권, 역세권 상권으로 구분할 수 있으며, 이들 상권별로 형성되고 있는 업종들은 창업아이템의 입지를 선정하는 데 참고하여야 할 중요한 기준이 된다.

❶ 주택가 상권

주택가 지역은 일반적으로 단지에 따라 생활수준이 다르고 큰 차이가 나는 경우가 있다. 대개의 경우 주택가는 생활수준이 높지 않은 주택밀집지역으로, 특히 서울과 수도권의 경우 주택가 거주자들은 아파트에 거주할 경제적인 여유가 없는 젊은 연령층이 상당수인 경우가 많다. 이들은 소비가 왕성하나 여유로운 소비가 만만치 않아 이 지역에서는 대규모 업종보다는 소규모 업종이 유리하다.

따라서 고가품보다는 주민의 생활에 밀접한 생활필수품 소비에 요점을 두어야 한다. 아파트 단지보다 수익규모는 크지 않으나 고정적인 매출 확보에는 적당한 상권으로 초보창업자나 여성들이 부업으로 하기에 적당하다. 최근 대형할인점 등의 입점으로 중소형 마트 업종은 대형할인점과의 가격경쟁에서 열세하므로 진출을 자제하는 것이 바람직하다.

- **추천업종**: 미용실, 제과점, 치킨점, 철물점, 대중음식점, 초등학생 대상 학원 등

❷ 아파트단지 상권

아파트단지 상권은 소비자와 상가가 근접해 있으며 주 고객이 아파트 주민으로 큰 유동이 없고 거주자들의 생활수준이 비교적 큰 차이가 없으며 소비패턴의 변화가 크지 않으므로 소비자들의 일상적인 생활용품을 취급하는 업종이 좋다. 따라서 고가의 장식품 업종보다는 소규모 생활업종이 유리하며 비교적 안정적 매출이 확보될 수 있어 손익분기점에 빠르게 도달할 수 있으나 수익규모가 크지 않다.

- **추천업종**: 편의점, 문방구, 배달전문점, 제과점, 정육점, 학원, 독서실, 치킨점 등

❸ 학교주변 상권

학교주변은 주 고객이 학생들이므로 구매형태를 감안한 업종선택을 고려하여야 한다. 판매대상이 고정적이므로 구매단위 역시 고정적이라 할 수 있다. 학생들의 취향과 구매형태를 고려하여야 하며 상품구매 선택의 폭이 한정되어 있어서 고도의 전문성과 고객관리가 필요하다. 초·중·고 학교주변과 대학교 주변은 소비패턴과 구매력에 큰 차이가 있으며, 특히 초·중·고 학교주변은 교육환경을 저해하는 업종은 인허가상 제한이 있으므로 창업 전에 이를 반드시 확인하여야 한다.

학교주변 상권에서는 소자본 창업이 가능하고 소비자가 한정적이어서 마케팅 공략이 비교적 수월하다. 그러나 수익 창출에 있어서는 학기 중과 방학중 과의 차이가 심하므로 이 점을 반드시 고려하여야 한다.

- **추천업종**: 문방구, 편의점, 샌드위치가게, 치킨호프집, 노래방, 학원, 소규모 먹거리점 등

❹ 사무실 및 오피스텔 지역 상권

도시지역 사무실과 오피스텔 밀집된 지역의 고객은 주로 젊은 연령층의 직장인들이며 이들의 소비패턴은 주로 점심 시간 때와 퇴근 후에 유동인구가 폭발적으로 늘어나 저녁식사 등 식생활과 관련된 요식과 놀이문화가 대부분을 차지하고 있다. 최근에는 사무실 주변에서 운동을 하거나 아침식사를 하고 출퇴근하는 직장인들이 많이 늘고 있으며, 오피스텔은 비주거용이나 사무실용도와 함께 준주거용으로 20~30대 젊은층이 많이 거주하고 있으며, 주말에는 공동화 현상이 있어 한산한 편이다. 따라서 이곳에서는 지속적인 변화를 추구하면서 영업활동을 해야 성공할 가능성이 높다.

- **추천업종**: 커피전문점, 편의점, 헬스클럽, 도시락전문점, 대중음식점, 치킨호프집 세탁소 등

❺ 역세권 및 번화가 상권

백화점, 극장, 유명제품점 등이 밀집되어 있고 고층빌딩과 많은 인구가 밀집되는 지역이다. 이 지역은 청소년부터 성년층까지 유동인구가 다양하며 남성보다는 여성인구 비율이 상대적으로 높은 것이 특징이다. 시간대로는 오후 4시 이후부터 저녁 9시 전후에 많은 사람들의 발길이 이어지며 고정고객보다는 유동고객이 많다. 이 지역은 고가의 상품부터 서비스 업종이 대부분을 차지하며 화려하고 특색 있는 사업장이 성공할 확률이 높아 초기 창업자에게는 쉽지 않은 곳이다.

추천 소자본 창업 업종으로는 번화가 뒷편에서 서비스 업종이 비교적 무난하다.

- **추천업종**: 화장품점, 스마트폰판매점, 커피숍, 의류점, 음식점, 액세서리점, 이동판매점 등

3. 상권분석 방법

상권분석은 상권에 영향을 미치는 요인들을 분석하여 어느 정도의 구매력과 특성을 가지고 있는지를 파악하는 것이다. 상권을 분석하는 방법에는 여러 가지가 있으나 상권 내의 제반 입지특성, 고객특성, 상권 내의 경쟁구조특성을 파악하는 기술적 방법에 의한 상권분석, 실무적 방법에 의한 상권분석 및 상권조사 기법으로 구분할 수 있다.

(1) 기술적 방법에 의한 상권분석

- 상권 내의 행정구역 및 인구통계 특성 분석
- 상권 내 도로특성, 대중교통 노선 및 통행량 분석
- 상권 내의 주차시설, 접근성 및 교통유발 시설 분석
- 상권 내의 시장구조, 점포시설 및 변화패턴 분석
- 상권 내에 왕래하는 인구 중 흡인되는 고객 수 분석
- 상권 내에 거주하는 인구 및 직장인 고객 수 분석
- 상권 내에 상주하는 업종 및 업태별 경쟁구조 분석
- 상권 내의 경쟁, 보완관계 및 기타 특성 분석

(2) 실무적 방법에 의한 상권분석

상권분석을 위해서는 다양한 영향요인에 대한 검토가 필요하다. 상권은 지역의 공간적 특성을 나타내고 있기 때문에 상권의 크기뿐만 아니라 특정 지역이 갖는 공간적 특성을 분석해야 하는데 공간적 특성은 영업흡인력이 미치는 범위이며 시장으로서의 기능을 발휘하는 실제 상권의 크기를 의미한다. 또한 상권 내의 고객이 갖는 특성과 상권 내에서의 경쟁구도와 상호 의존관계가 공존하기 때문에 상호관련성 분석이 필요하다.

〈표 3-1〉 상권의 영향요인 분석

구 분	분석내용
상권의 공간적 특성	• 상권 구조 특성상 도심인가 부도심인가? • 도시 특성상 상권이 주거지 혹은 상업지에 위치하는가? • 공간적 특성상 자연조건과 지형은 어떤 형태인가?
경제현황 및 교통여건	• 도로, 교통상황 및 시간대별 통행량은 어느 정도인가? • 문화 및 공공시설 유무와 유동인구는 어느 정도인가? • 해당 지역 내 행정 및 경제여건은 어느 수준인가?
상권 내의 고객특성	• 상권 내 상주인구 및 유동인구 비중은 어느 정도인가? • 해당 상품에 대한 호응도 및 구매 성향은 어떠한가? • 인구분포, 연령, 직업별 분포현황은 어떠한가? • 소득수준, 소비수준 및 주거유형 형태는 어떠한가?
상권 내의 경쟁구조	• 상권 경계상 또는 업종별 경쟁구조는 어떠한가? • 대형 또는 경쟁소매점의 분포현황 및 활동현황은? • 상권 내의 경쟁 및 상호 의존관계 특성은 어떠한가?

출처: http://sg.sbiz.or.kr(상권정보시스템)

(3) 상권조사

상권조사란 실제 현장조사를 통해 상권의 주위환경과 시장의 특성을 알아보는 방법이다. 상권 내 인구 및 배후지 특성 등 자기상권의 세력을 판단하고 평가하여 고객 확보 정도를 예측해 볼 수 있으며, 다음과 같은 절차를 통해 조사한다.

- 1단계: 상권 내 지역정보 수집
  (관공서 인구통계자료, 상업통계자료, 조사정보, 점포조사)
- 2단계: 지역 상권지도 작성
  (상권세력이 미치는 범위까지 작성)
- 3단계: 상권 내 지역 도보 관찰
  (쇼핑도로, 구매행동, 주거형태, 소유 차량 등으로 소득수준 파악)
- 4단계: 주요시설 하루 이용객수 및 유동인구 조사
- 5단계: 해당 상권의 향후 개발계획 조사
- 6단계: 상권의 급지 구분 및 점포 임대시세 조사

〈표 3-2〉 상권조사표

목 적	항 목	내 용
업종 및 아이템 선택	인구분포상 특성	• 청소년 중심상권(　　) • 직장인 중심상권(　　) • 일반대중 중심상권(　　)
	연령대별 유동인구	• 10~20세 (　　)명　• 20~30세 (　　)명 • 31~40세 (　　)명　• 41세 이상 (　　)명
	시간대별 유동인구	• 오전 09시~12시(　　)명 • 오후 13시~18시(　　)명 • 야간 18시~23시(　　)명
경쟁력 측정	경쟁점포 현황	• 대형: 30평 이상 (　　)개 • 중형: 30평 이상 (　　)개 • 소형: 30평 이상 (　　)개
	인구집중 시설	• 백화점 (　　)개　• 할인점 (　　)개 • 기 타 (　　)개
	상권규모 현황	• 도소매점 (　　)개　• 음식관련 (　　)개 • 서비스업 (　　)개　• 기타업종 (　　)개
주요 고객대상 및 특성 파악	배후지 특성	• 아파트 단지 상권(　　) • 일반 주택가 상권(　　) • 학교 주변 상권(　　) • 역세상권(　　)
	요일별 특성	• 월요일~금요일(　　)명 • 토요일~일요일(　　)명
	남녀 비율	• 남자 (　　)명　• 여자 (　　)명
상권급지 특성	상권 임대료	• 중심지 제곱미터당 (　　)천원 • 주변지 제곱미터당 (　　)천원

2. 입지선정

창업에 있어서 입지선정은 매우 중요하다. 우수한 점포입지를 선택하는 것은 사업을 성공적으로 이끄는 첫 단추가 되는 것인데, 일단 결정한 입지는 창업이 시작되면 옮기기가 매우 어려울 뿐만 아니라 매출실적과 바로 직결되기 때문이다. 입지를 결정할 때는 여러 조건들을 세심하게 확인하여야 하며 창업자가 예비 점포 입지에 대하여 사전에 사업성이 있는가를 결정하기 위한 전제조건이 바로 상권분석이다.

점포 입지선정은 현장조사를 근거로 해야 한다. 상권분석 편에서 살펴본 대로 점포인근 가구수, 시간대별 유동인구를 확인하고 경쟁점포, 생활수준, 교통여건, 업종 현황뿐만 아니라, 창업하고자 지역에 제한 업종이 없는지 여부 등 행정적인 면까지 꼼꼼하게 살펴보아야 한다.

또한 현재 입지가 좋다 하더라도 앞으로 상권이 어떻게 변할지도 분석해야 하며, 향후 해당 입지에 부정적 영향을 미칠 수 있는 요인들도 함께 점검하여야 한다. 예를 들어 해당 인근지역에 지하철 공사나 도로확장 공사, 아파트재개발 공사 및 재건축 공사가 예정되어 있다면 피하는 것이 좋다.

또 기존 관공서나 대형 시설물이 이전을 하거나 대형 할인점이 인접지역에 들어선다면 기존상권에 부정적인 영향을 미칠 수 있다. 그러나 해당지역에 버스정류장이 가까운 곳에 신설되거나 대규모 아파트 단지의 입주가 시작된다면 긍정적 요인이 될 수 있다.

1. 우수한 입지선정의 기준

(1) 입지 주변의 특성파악

창업자가 입지선정을 할 때 가장 우선적으로 파악하여야 하는 점이 입지하고자 하는 주변지역의 특성이다. 후보 입지에 계획하고 있는 업종의 현황, 영업상태 등을 파악하여 상권의 발전 정도를 유추해 낼 수 있으며, 반대로 입지의 특성에 따라 그 지역에 적합한 업종을 검토해 보고 향후 입점 시 영업전략도 수립할 수 있는 것이다.

아파트 지역, 지하철역 역세권, 중심지대로변, 오피스텔 및 사무실 지역, 학교 주변 등 해당 입점 지역의 특성을 파악하여 입주를 결정하여야 한다.

(2) 상권의 특성파악

점포 입지선정 시 확인해야 할 사항 중 다른 하나는 배후지역 특성인데 배후지역이란 점포의 상권 안에 거주하고 있는 영업대상 계층의 수준과 범위이다. 배후지역 주민의 소득 및 소비수준, 인구수 및 총 세대수, 성별 및 연령대별 인구수, 주거형태, 소비행태, 직업별 분포, 교육수준 정도 등을 조사하고 분석하여 입지전략을 수립한다.

예를 들어, 배후지 특성이 대학교 주변이라면 주로 젊은 대학생 인구가 주류를 이룰 것이고 소비행태의 특성도 파악할 수 있으므로 거기에 맞는 업종과 입지선정이 고려되어야 할 것이다.

(3) 유동인구의 특성파악

동일한 상권 내의 같은 지역이라도 우수한 입지는 점포 앞 유동인구가 많고 적음에 따라 결정되며, 또한 유동인구의 특성에 따라 업종의 적합성이 결정된다. 유동인구는 상당히 많으나 영업은 잘 안 되는 점포가 있다. 이것은 점포 앞의 유동인구가 단순히 지나쳐 가는 사람이거나, 점포의 업종이 유동인구 계층에 적합하지 않은 경우이기 때문이다.

유동인구의 조사는 평일과 주말, 주중과 주말의 시간대별, 연령별, 성별로 파악한다. 그리고 입지 후보지의 잠재 고객뿐만 아니라 점포에 실제로 내점하는 고객수를 파악하여야 하고, 이에 따라 어떤 업종을 선택해야 하는지, 어떤 고객 계층을 타깃으로 설정해야 하는지 등을 종합적으로 분석하여 결정하여야 한다.

(4) 점포 이용 편리성 파악

입지선택 시 추가로 고려해야 할 요소는 점포의 이용편리성이다. 고객들이 얼마나 쉽고 편리하게 찾아 올 수 있는 위치에 있는가 하는 점도 중요한데, 사람들은 특별한 물건을 구매하기 위한 목적이 아니라면 대부분 접근하기 쉬운 점포를 이용한다.

점포의 이용편리성을 결정하는 요인으로는 점포인근에 지하철역이나 버스정류장, 교차로, 출입구의 계단 유무, 주차시설 유무 그리고 교통혼잡도 등이다. 또한 상권 내에 있는 백화점, 영화관, 관공서, 대형서점과 같은 시설 등은 인구유발요인이 되어 점포의 접근성에 긍정적인 영향을 주기도 한다.

(5) 입지의 성장성 파악

인구 유입이 지속적으로 늘어나거나 소비계층이 얼마나 증가할 수 있는 상권입지냐 하는 점이 잠재적 성장성을 파악하는 중요한 요인이다. 또한 같은 종류의 상품을 취급하는 점포가 얼마나 모여 있느냐 하는 응집력 정도가 고객을 유인하는 기준이 될 수 있는데, 지나치게 유사한 업종의 점포가 밀집되어 있는 경우는 경쟁이 심해져 오히려 매출이 감소하는 요인이 될 수도 있다. 한편 상호 보완관계에 있는 상품을 취급하는 점포가 많을수록 양 점포를 이용하는 고객수도 많아져 시너지 효과가 발생하여 판매량이 늘어난다.

〈표 3-3〉 넬슨(R.L.Nelson) 입지선정 8가지 평가기준

구 분	내 용
접근 가능성	• 관할 상권주변에 있는 고객을 나의 점포로 끌어들일 수 있는 가능성
성장 가능성	• 인구증가 및 소득수준 향상으로 시장규모와 매출액이 성장할 가능성
중간 저지성	• 기존 점포가 중간에 위치하여 나의 점포로 오는 고객이 차단되는 정도
경쟁 회피성	• 신규 입점이나 기존 점포와의 경쟁에서 우위를 확보할 수 있는 정도
잠재력	• 관할 상권 내에서 취급하는 상품, 점포 또는 단지의 수익성 확보 가능성
흡인력	• 점포, 사무실, 문화시설 등이 인접해 있어 고객을 유인할 수 있는 가능성
양립성	• 상호 보완관계가 있는 점포가 위치하고 있어 흡인될 수 있는 고객 정도
경제성	• 입지의 가격 및 비용 등을 충당하고 가능한 수익성 및 생산성 정도

2. 우수한 점포입지 조건

우수한 입지조건은 업종이나 사업규모에 따라 달라질 수 있겠으나 일반적으로 유망한 점포입지 조건은 다음과 같다.

- 지하철역에서 300m 이내, 버스정류장에서 100m 이내인 지역
- 버스종점 반경 500m 이내, 노선이 5개 이상인 버스정류장 지역
- 버스나 지하철역에서 주택지 입구로 들어오는 모퉁이 지역
- 2,000세대 이상 대규모 아파트나 주택단지 지역
- 10층 이상 대형건물이 5개 이상 밀집된 지역
- 고교, 대학교 주변 정문 500m 이내, 후문 300m 이내인 지역
- 편도 2차선 도로의 200m 이내로 동일 업종이 없는 지역
- 반경 500m 이내에 동일 업종이 3개 이상 없는 지역

3. 주의해야 할 점포 유형

(1) 주인이 자주 바뀌는 점포

영업이 잘 안 되거나 점포 자체의 하자 및 권리관계의 문제가 있는 경우 주인이 자주 바뀔 수 있으므로 주위 사람들에게 확인하여 영업상황 및 주인이 자주 바뀌는 이유를 알아보는 등 세심하게 점검하여야 한다.

(2) 임대료가 유난히 싼 점포

점포의 임대료가 싸면서도 매출이 높은 점포는 사실상 많지 않다. 임대료 수준이 낮다면 위치 등 입지 여건이 좋지 않거나 틀림없이 다른 이유가 있을 것이다. 별다른 이유 없이 점포의 임대료가 저렴하다면 더욱 신중하게 확인하여 결정하여야 한다.

(3) 맞은편에 상권이 형성되지 않은 점포

맞은편에 점포가 형성되지 않은 지역은 대부분 대중교통이 비켜가는 경우이거나 상권의 끝자락 지역인 경우가 많다. 맞은편에 점포가 형성되지 않았다면 사람들을 흡인하는 유인책이 약해서 상권의 세력이 크지 않다.

(4) 주변에 대형 점포가 있는 점포

점포주변에 대형 백화점이나 영화관 및 문화시설이 있는 경우라면 유동인구가 많아 고객 흡인효과가 있으나, 같은 업종의 대규모 경쟁점포가 있다면 더 큰 규모와 풍부한 상품을 확보하여 경쟁해야 하기 때문에 점포계약에 신중하여야 한다.

(5) 주인이 유사업종에 종사하고 있는 점포

점포를 임차해서 사업을 하는 경우는 영업이 잘 되어 수익 발생시점에 해당 점포 주인이 갑자기 점포를 비워달라고 하지 않도록 계약조건을 세심하게 작성을 하는 동시에 평소에 점포 주인과의 관계를 잘 유지하여야 한다.

Chapter

04

업종별 창업절차와 창업지원제도

창업의 절차는 먼저 사업아이템을 결정하고 업종선정 이루어지면 그 사업에 대한 성공 가능성을 검토하는 사업타당성 분석을 실시한다. 그리고 사업장 입지 선정, 사업규모와 사업형태를 구상하고 창업 멤버와 조직을 어떻게 구성할 것인가 하는 사업계획서를 수립하여 사업을 시작하게 된다. 이러한 과정은 어느 업종의 창업이든 공통적으로 필요한 과정이다.

본 장에서는 먼저 서비스업, 도소매업, 프랜차이즈(가맹점), 인터넷 비즈니스 창업의 특징과 방법 및 절차에 대하여 알아보고, 창업기업을 육성하기 위한 정책자금지원제도와 자금지원제도 이외의 각종 정책적 창업지원제도에 대하여 살펴본다.

1. 업종별 창업절차

1. 서비스업 창업

급속한 기술혁신과 정보화 시대를 살아가는 현대에는 소비자들의 니즈(needs)가 복잡 다양화되고 고급화, 전문화됨에 따라 가장 빠르게 확대되어 가는 업종이 서비스업인데 그만큼 창업의 기회도 많고 업종도 다양하다. 최근 생활양식(life style)의 변화, 여가시간의 증가, 평균수명 증가 등으로 소비자의 욕구가 다양화되어감에 따라 서비스 업종의 창업을 하고자 하는 자는 이러한 사회적 변화와 흐름을 잘 파악하여야 한다.

일반적으로 서비스란 '무형의 가치로서 소비자의 편익이나 만족을 주는 행위'를 의미한다. 따라서 서비스 업종은 소비자에게 만족을 주는 활동이나 그 과정으로 제공하는 즉시 사라지며 그 욕구가 얼마나 충족되었느냐에 따라 그에 상응하는 대가를 받는 업종이라 할 수 있다.

(1) 서비스업 창업의 특징

서비스 업종은 그 사업 영역이 가장 광범위하고 다양하기 때문에 한 가지 모델을 정하여 설명하기가 쉽지 않다. 예를 들어, 서비스업 중 학교나 병원을 설립하려면 제조업보다 훨씬 복잡하고 까다로운 절차를 거쳐야 하는 반면, 음식점이나 카센터 같은 경우는 비교적 간단한 절차에 따라 창업이 가능하다. 한편 부동산중개소나 컨설팅 업종은 관련 유자격자가 훨씬 쉽게 창업할 수 있다.

서비스 업종은 창업자의 지식, 경험, 노하우 등 창업자의 능력 자체가 창업기반이 되는 경우가 많다. 따라서 서비스업을 창업하기 위해서는 최소한 사업분야의 전체적인 흐름에 대한 이해가 있어야 성공할 수 있다.

고객은 언제나 일정수준 이상의 서비스를 원하고 있기 때문에 소비자의 욕구와 기대에 만족할 수 있는 차별화된 서비스를 제공하도록 하여야 한다. 이를 위해서는 종업원 등 조직 구성원에 대한 교육을 지속적으로 실시하고 관리하여야 한다.

서비스업 창업을 통해 사업기반이 다져지기까지 서비스 품질과 서비스 수준을 지속적으로 관리하여야 하며, 서비스는 생산 즉시 소비되는 특성이 있어 서비스 내용에 대하여 고객에게 충분히 설명하여야 한다.

(2) 창업절차

❶ 사업타당성 분석

어느 업종이든 창업 시작전 가장 구체적으로 오랜 시간을 두고 점검하는 사항이 사업타당성 분석인 만큼 아이템의 적합도, 사업입지의 적정성, 시장성과 매출전망, 수익성 및 성장성, 그리고 경쟁현황과 사업에 대한 위험(리스크) 등을 점검하여 사업아이템을 최종적으로 결정하게 된다.

❷ 회사설립

서비스 업종은 너무나 광범위하고 다양하기 때문에 회사 설립 시는 먼저 해당 업종이 관련 법에 의거한 허가 업종인지 아니면 단순히 신고만 하면 되는지를 확인하여야 한다. 예를 들어 음식점의 경우 공중위생 관련 자격요건 및 시설기준 등 점검해야 하며, 학교 근처에서 영업할 경우 사행업종은 금지되어 있으므로 행정규제 내용들을 확인하여야 한다.

사업형태는 개인사업자 혹은 법인사업자에 따라 갖추어야 할 요건이 크게 다르다. 개인사업자 형태로 회사를 설립할 경우는 사업 인허가와 사업자등록만 하면 되지만, 법인의 경우는 법인설립 등기를 하고 법인등기부 등본을 첨부하여 법인설립 신고와 사업자등록을 신청하여야 회사가 설립된다. 법인설립의 경우에는 법정 등기사항이 복잡하고, 신고 사항이 많고, 회사 운영과 관련한 회계 처리기준 등이 엄격하므로 이러한 법적요건에 흠결이 없도록 세심한 점검이 필요하다.

❸ 입지선정과 개업 준비

서비스 업종의 입지선정은 고객에게 서비스를 제공하기에 얼마나 편리한 장소인지를 결정하는 것이 핵심이다. 즉 고객이 쉽게 접근할 수 있는 장소를 찾는 과정이다. 서비스의 종류에 따라 고객이 찾아오는 업종인 경우는 가급적 교통이 편리하고 찾기 쉬운 곳을, 서비스 제공자가 고객을 찾아가는 업종이라면 임대료 등 공간 비용의 문제도 고려하여 다소 입지가 좋지 않아도 무방할 것이다.

입지선정이 완료되면 개업에 필요한 필요 인력을 충원하고 각종 설비 등을 마련함으로써 창업 개시에 들어가게 되는데, 본격적인 영업활동을 시작하기 전에 필요한 관리, 영업직원을 충원하여 조직을 구성한다. 회사 실정에 맞는 조직이 구성되면 종업원 및 영업사원에 대한 교육 훈련과정을 거친 후 본격적인 상품생산과 영업활동에 돌입하게 된다.

[그림 4-1] 서비스업 창업절차

2. 도소매업 창업

도소매업은 흔히 유통업이라 하는데 1차 산업, 즉 농림, 축산, 수산물과 2차 산업인 광공업 제품을 소비자에게 직접 판매하기까지의 과정을 맡아서 하는 업종이다. 도매업은 생산물을 최종 소비자가 아닌 소매업자에게 판매하는 것을 의미하며 소매업은 생산자 또는 도매업자로부터 매입한 제품을 최종 소비자에게 판매하는 활동이며, 생산자나 도매업자가 최종소비자에게 직접 상품과 이에 수반되는 서비스를 판매하는 행위도 소매업에 속한다.

(1) 도소매업의 특징

도소매업은 제조업이나 서비스업에 비해 비전문가도 비교적 창업하기에 용이하며 창업절차가 간단하다. 업종 특성상 인허가 사항이 적으며 창업절차가 단순하기 때문에 일반적으로 점포를 확보하고 사업자등록을 하면 바로 영업을 할 수 있다. 제조업처럼 공장설립에 따른 복잡한 절차가 필요없으며 일반적으로 소규모로 시작하기 때문에 법인설립절차가 필요없는 경우가 대부분이다.

그러나 곡물, 담배와 같은 유통질서 확립이 필요한 업종의 경우 전문지식과 자격요건을 규정하고 있는 경우가 있으므로 창업하고자 하는 업종이 법적으로 인허가 및 등록 혹은 신고가 필요한 업종인지 여부를 파악하여 준비해야 한다. 도소매업의 경우도 창업을 준비함에 있어 사업아이템 선택, 입지선정 및 자금조달 방법 그리고 상권분석과 영업방법 등에 대한 세밀하고 종합적인 점검이 필요하다.

(2) 도소매업 창업 절차

❶ 사업타당성 검토

서비스업 창업과 마찬가지로 사업아이템을 대상으로 관련 정보와 전문가의 조언을 바탕으로 자기 적성에 맞는지 적합도를 분석하고, 사업입지, 시장성과 판매전망, 수익성 및 경쟁관계와 위험성을 점검하여 사업아이템을 최종적으로 선택하여야 한다. 사업아이템이 선정되면 사업의 유형, 즉 업태를 결정하여야 하는데 먼저 도매업인가, 아니면 소매업인가를 비롯하여 대리점, 체인점, 독립점, 전문점 등 점포 운영형태를 결정하여야 한다.

자금조달과 운용계획에 대해서는 먼저 정확한 소요자금을 산정해야 하며 사업에 잠재되어 있는 문제점과 향후 발생 가능한 위험요소를 분석하고 자금의 용도와 필요시기도 고려하여야 한다.

창업초기의 소요자금은 주로 점포 임대보증금, 권리금, 시설비, 상품구입비, 직원급여, 점포유지비, 물류비와 각종 공과금이며, 보통 6개월 내지 1년 정도의 운영자금을 확보하고 있어야 한다.

❷ 입지선정과 점포계획

도소매업 창업 시 가장 중요한 핵심요소 중 하나는 점포 입지선정이다. 도소매업의 기본적 특성은 소비자와의 직접적인 접촉에 의해 구매가 이루어지므로 점포입지가 창업 성공의 70% 이상을 차지한다. 소매업의 경우 점포 입지는 버스노선, 지하철 등 교통이 편리한 지역과 다수의 소비자를 유인할 수 있는 시설이 주변에 존재하고 기존 상권이 형성되어 있는 곳이 경험이 적은 창업자에게 유리하며, 도매업인 경우는 유사업종 상권이 형성된 곳을 선정하는 것이 유리하다. 최근 번창하고 있는 인터넷 판매나 통신판매 같은 경우는 사무실만 확보하고 별도의 점포를 갖추지 않고도 창업을 할 수 있어 입지선정에 부담을 덜수 있다.

점포시설은 고객의 구매욕구를 높이기 위해 내부・외부디자인 및 인테리어 등을 업종과 상품구색 갖춤에 어울리도록 설계하여야 하며, 조명, 색체, 디스플레이는 고객으로 하여금 상품에 시선을 끌게 하고 구매심리를 적극적으로 유발시키는 것이 중요하다.

❸ 개업준비

도소매업, 유통업 등 판매업은 업무특성상 직원 이직율이 높고 고용의 정착성이 높지 않아 창업시는 가급적 직원의 수를 최소화하고 임시직이나 파트타임 직원을 최대한 활용하는 것이 유리하며 특별히 경험이 풍부하거나 유능한 직원이 필요하다고 판단될 경우는 사전에 채용조건을 결정하도록 준비하여야 한다.

상품진열은 고객의 시선에 구매하고자 하는 상품이 가장 잘 보이도록 진열하는 것이 중요하며, 고객이 원하는 상품구색을 충분히 갖추고, 적정수준의 재고수준을 유지하기 위해 재고관리를 염두에 두어야 한다. 한편 점포 개업을 전후하여 광고, 홍보 및 인적판매 활동을 전개하는 등 창업초기 성공적인 출발이 될 수 있도록 적극적인 마케팅 활동이 필요하다.

[그림 4-2] 도소매업 창업절차

3. 프랜차이즈 창업

프랜차이즈(franchise)란 체인본사(franchisor)와 가맹점(franchisee) 사이의 계약관계를 통해 영업권을 이용하여 상품 또는 서비스를 판매하거나 영업을 할 수 있는 권리를 부여받아 사업을 영위해 나가는 형태를 말한다.

체인본사는 가맹점에게 해당 지역 내에서의 독점영업권을 부여하는 대신 본사가 취급하는 상품, 광고, 인테리어 및 서비스 등을 관리하고, 가맹점에 대한 교육, 경영지도, 판촉지원 등 경영에 필요한 모든 노하우를 제공한다. 이에 반해 가맹점은 체인본사에 가맹비, 로열티 등의 일정한 대가를 지불하고 가맹점 사업에 필요한 자금을 직접 투자해서 독립된 사업을 영위한다. 결국 프랜차이즈 비즈니스란 본사와 가맹점 간 수평적인 협력사업 형태라고 할 수 있다.

(1) 프랜차이즈 창업절차

프랜차이즈는 창업에서부터 경영에 이르기까지 모든 과정을 본사에서 책임을 지고 지원해 주므로 예비창업자나 초보창업자들이 누구나 쉽게 창업을 할 수 있는 특징이 있다. 그러나 성공적인 창업을 위해서는 창업업종 선택, 입지선정, 상권분석 및 투자계획에 이르는 창업 준비과정과 창업 후 체인본사와의 운영과정 즉, 마케팅, 고객서비스, 영업활동이 유기적으로 진행되어야 한다. 프랜차이즈 창업 절차는 다음과 같다.

❶ 적합성 검토

해당 업종이 자신의 성향에 맞는지, 해당 아이템에 대해 잘 이해하고 있으며 유망한 업종인지, 사업을 시작하는 데 필요한 자금조달은 가능한지, 프랜차이즈업의 장단점은 잘 파악하고 있는지 등 적합성을 사전에 충분히 검토하여야 하며, 필요한 경우 전문가의 컨설팅을 받는 것도 필요하다.

❷ 체인본부 선정

업종이 선정되면 그 업종에 적합한 체인본부를 탐색하는 과정이다. 여러 체인본부의 조건, 즉 공급조건, 반품조건, 대금결재, 가맹점 면적, 보증금의 종류, 로열티와 인테리어 비용 등을 조사하여 비교・검토하고, 가장 유리하다고 판단되는 체인본부를 선정한다. 신규 프랜차이즈의 경우 본사의 무분별한 체인점 확장 목적에만 급급하여 피해를 보는 사례가 있으므로 신중히 검토하여야 한다. 체인점 수가 너무 많아 본사의 관리능력에 문제가 있거나 반대로 체인점수가 너무 적어 사업성에 문제는 없는지, 해당 상권의 영업권을 보장해 주는지 여부 등도 확인하여야 한다.

❸ 사업타당성 분석

체인본부가 선정되면 그에 대한 사업타당성 분석을 실시하여 긍정적인 결과가 나오면 사업을 시작한다. 만일 점포 입지선정이 먼저 이루어진 경우, 해당 점포 입지에 적합한 업종과 유리한 체인본사를 선정하여야 하며, 선정된 본사에 대한 사업타당성 분석을 실시하여야 한다.

프랜차이즈 창업 시 가장 중요한 사항은 가맹점계약에 따른 소요비용 산정이다. 프랜차이즈 본사의 주 수입원은 가맹비와 로열티인데, 가맹비는 프랜차이즈 본사의 브랜드나 경영 노하우를 제공하는 것이기 때문에 납부하면 돌려받지 못하는 돈이다. 로열티는 프랜차이즈 본사가 지속적으로 제공하는 각종 서비스와 혜택에 대하여 지불하는 비용이고, 브랜드 파워를 가진 프랜차이즈의 경우는 브랜드를 사용하는 권리에 따른 비용이다. 이 외에도 프랜차이즈 가맹점 개설 시 본부에 납부하는 비용 중 가장 큰 것이 인테리어 비용인데, 이 비용은 인테리어 수준에 따라 달라지며 대부분 체인점 제곱미터당 가격으로 산정한다.

[그림 4-3] 프랜차이즈 창업절차

(2) 프랜차이즈 창업시 검토사항

① 프랜차이즈 창업아이템

② 프랜차이즈 본사에 대한 신인도

③ 대금결제, 로열티, 가맹비 등 계약조건

④ 물류시스템, 영업권 보장 여부

⑤ 가맹점수 적정성 및 마진율 정도

⑥ 가맹점에 대한 지원항목 및 조건

⑦ 체인본사 자체의 특별 노하우 보유 여부

⑧ 물품공급, 재고처리, 보증 및 분쟁해결 방법 등

(3) 프랜차이즈 창업의 장단점

일반적으로 프랜차이즈 창업의 장단점은 다음과 같이 요약할 수 있다.

장 점	단 점
1. 초보자도 노하우 전수로 손쉽게 창업 가능 2. 단독 창업에 비해 실패 가능성이 낮음 3. 사업기간을 최대한 단축하여 창업 가능 4. 본사 브랜드 인지도 효과 및 홍보의 용이성	1. 본사와 가맹점 간 계약상 종속화 우려 2. 가맹비와 로열티 지불에 따른 경제적 부담 3. 체인본사 이미지 하락 시 동반 매출액 감소 4. 시장변화, 고객변화에 탄력적 대응 어려움

4. 인터넷 비즈니스 창업

인터넷을 통해 사업자와 고객 간에 일어나는 거래를 인터넷 비즈니스(internet business)라고 한다. 최근 웹(web)환경의 발달로 인터넷을 이용한 상품이나 서비스의 구입과 판매에 한정하지 않고 마케팅활동, 정보제공, 인력제공, 쇼핑몰 운영 등 다양한 사업을 할 수 있는데, 인터넷 비즈니스 중에서 상품카탈로그와 장바구니(쇼핑 카트), 결재시스템을 구성하여 상품이나 서비스를 거래하는 것을 전자상거래라고 한다. 인터넷 비즈니스 창업 방법과 절차에 대하여 알아본다.

(1) 사업타당성 분석

인터넷 비즈니스 창업도 인터넷을 이용한 환경에 적합한 아이템 선정이 먼저 이루어져야 한다.

아이템 선정이 결정되면 다음단계는 목표 고객에 대한 분석과 시장규모, 매출 및 수익성 분석이다. 이러한 사업성 분석이 이루어지면 창업하고자 하는 아이템과 관련하여 경쟁관계에 있는 다른 쇼핑몰이 있는지를 검토해야 한다. 경쟁사이트를 분석하여 점검 요점을 적은 체크리스트를 작성하여 경쟁우위를 확보할 수 있도록 전략을 세워야 한다.

① 웹 페이지 레이아웃 디자인
② 웹 페이지의 크기 및 메뉴
③ 다운로드 속도 및 기능
④ 주요 심리적 유인요소
⑤ 검색 내비게이션
⑥ 마케팅 방법
⑦ 수익구조

(2) 콘텐츠 기획과 사이트 구축

콘텐츠는 인터넷 사이트 관리자 입장에서 사용자들에게 전달하고자 하는 내용과 사용자들을 사이트로 유인하는 중요한 내용이다. 콘텐츠는 인터넷 사이트의 목적이 무엇이고 대상고객이 누구냐에 따라 달리 만들어야 한다. 콘텐츠와 기능들의 목록이 결정되면 관련이 있는 기능과 콘텐츠로 범주화하여 묶는 작업을 해야 하며, 그 다음 단계는 인터넷 사이트 구조를 구성하여야 하는데 고객의 입장에서 편리하게 찾아갈 수 있도록 논리적이어야 한다.

(3) 인터페이스와 내비게이션 기획

사용자 인터페이스(user interface)는 고객들의 행동을 유도하거나 반응을 촉진하기 위한 디자인이어야 한다. 따라서 이를 구성하는 시각적인 요소와 전달방법이 중요하다. 인터페이스는 색상, 그래픽, 레이아웃, 체크박스, 스크롤 바, 하이퍼링크, 버튼 및 문자들과 같은 다양한 요소들을 이용하여 사용자의 이동경로를 결정한다. 사용자의 인터페이스가 성공적이기 위해서는 먼저 사이트의 목적에 맞게 인터페이스가 구축되어야 하고, 사용자들로 하여금 혼란을 주지 않도록 전체적인 레이아웃이나 내비게이션 방법 등에서 일관성을 유지하여야 한다.

내비게이션은 인터넷 사이트에서 사용자들의 이동과 관련한 내용이다. 사이트 이동경로나 방법 또는 다른 웹 페이지로 이동할 수 있게 하는 링크일 수 있고 또는 다른 메뉴로 연결된 메뉴박스나 이전 페이지로 돌아갈 수 있게 하는 버튼 및 다음에 방문해야 할 아이콘 등을 의미한다. 이러한 내비게이션은 논리적이며 직관적으로 만드는 것이 가장 중요하다.

(4) 목표시장과 수익모델 설정

인터넷 비즈니스 창업의 경우 특성상 매출대비 순이익이 상대적으로 낮기 때문에 한 분야에 집중적으로 투자하기보다는 다양한 아이템으로 사업을 확장하여 수익성을 높이고자 하는 사업주들이 많다. 최근 인터넷 비즈니스 분야는 경쟁이 가장 치열하여 수익모델을 구축하기가 쉽지 않다. 많은 창업자들이 독특한 아이템으로 인터넷 시장에서 승부하려고 하지만 수익창출에 대한 구체적인 대안을 가지고 있는 경우가 많지 않다. 인터넷 비즈니스에서 실패하는 경우의 대부분은 단발적인 아이디어와 기술로 단기적인 이익창출에만 몰두하기 때문이기도 하다. 따라서 인터넷 비즈니스 창업 전문업체로서 명확한 시장포지셔닝

(market positioning)과 함께 이를 바탕으로 한 비즈니스 수익모델 설정이 필요하다.

(5) 인터넷 비즈니스 창업 시 고려사항

인터넷 비즈니스 창업의 성공 여부는 적정한 업종선택, 상품성과 사업파트너, 정확한 시장예측과 창의력이다. 인터넷 비즈니스 창업에서 성공하려면 다음과 같은 사항을 고려하여야 한다.

❶ 창업 콘셉트(concept)의 재확인

인터넷 비즈니스 창업의 가장 중요한 포인트는 자신이 취급하는 상품과 서비스의 콘셉트를 명확히 설정하고 사업타당성 분석을 통한 철저한 준비와 장기적인 안목으로 시장을 개척하는 일이다.

❷ 사용자 중심의 웹사이트 구축

인터넷 비즈니스는 사업 특성상 웹사이트를 방문한 고객이 마음에 들지 않으면 바로 접속을 꺼려하기 때문에 고객의 입장에서 편리하고 쉽게 접근할 수 있도록 설계하고 구축하여야 한다.

❸ 프로세스 중심의 웹사이트 구축

사용자에게 최적의 만족을 제공할 수 있도록 하기 위해서는 콘텐츠를 지속적으로 업데이트하고 웹사이트를 프로세스 중심으로 설계하고 구축하여야 한다.

2. 창업지원제도

1. 창업지원제도의 내용

창업지원제도는 크게 두 종류가 있다. 하나는 창업에 필요한 가장 중요한 요소인 자금을 지원하는 정책자금지원제도와 창업을 촉진하고 창업 중소기업을 건전하게 육성하기 위한 자금지원제도 이외의 각종 정책적 지원제도가 있다.

이를 위해 정부에서는 창업기업 설립을 지원하고 투자를 촉진하여 중소기업이나 벤처기업 중심의 산업구조를 통해 국가 경쟁력을 높이고 고용창출을 목적으로 창업지원법을 제정하여 시행하고 있다. 창업지원제도의 내용으로는 크게 창업자금지원제도, 창업기업 설립지원제도, 행정지원제도 및 창업기업 조세지원제도가 있다.

2. 창업자금 조달 방법

창업에 따른 소요자금 규모가 결정되면 이를 조달할 수 있는 방안을 마련하여야 한다. 창업자금 조달은 크게 자기자금과 타인자금으로 구분할 수 있으며 자기자금은 창업자가 가지고 있는 현금이나 현물을 의미하고, 타인자금은 외부에서 조달하는 모든 차입금을 말한다. 차입금은 현금이 아니더라도 현물이나 시설을 빌려와서 쓸 수도 있다.

이러한 차입금은 이자나 원금상환 조건이 있어 이자를 내야 하고 상환기일에 원금도 돌려줘야 하기 때문에 자금조달 계획 시 차입금 규모나 상환방법 등을 신중히 검토해야 한다.

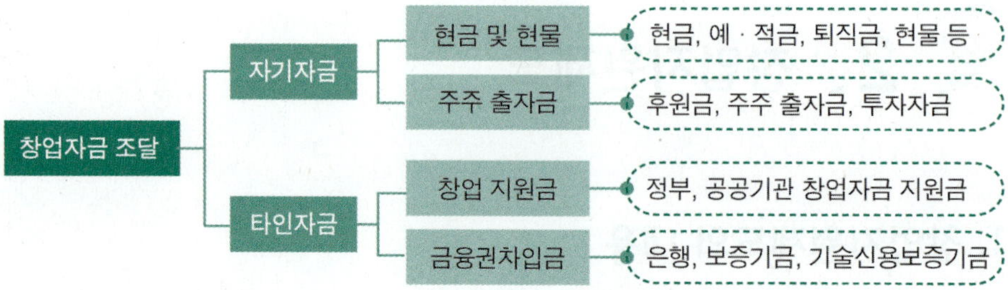

[그림 4-4] 창업자금 조달방법

3. 창업자금지원제도

정부나 공공기관 지방자치단체 그리고 금융기관에서는 창업에 소요되는 자금의 원활한 공급을 위해서 금융부담을 완화시켜서 창업에 성공하도록 자금을 지원하고 있다. 자금지원은 소규모 일반창업자뿐만 아니라 특별히 국가가 정책적으로 지원이 필요한 창업에 대해서는 일반금융보다 훨씬 유리한 조건으로 지원하고 있는데, 이를 정책자금이라 한다.

(1) 소상공인 창업자금

창업자금이 부족하거나 조달여력이 없는 서비스업, 도소매업 및 소규모제조업 창업자가 소상공인 지원센터와 중소기업진흥공단에서 지원 받을 수 있는 자금으로 업체당 지원한도는 일반적으로 5천만 원 이내이다.

신청자는 사업자등록증 사본, 임대차계약서 사본, 부가세 신고내역과 추천신청서 및 사업계획서를 창업자금 신청서류와 함께 소상공인지원센터에 제출하면 된다.

소상공인지원센터는 상담과 서류심사를 통해 창업신청자의 경영능력, 사업실현 가능 타당성, 자금 조달 능력 및 신청금액 적정성을 평가하여 보증추천서를 발급해 준다. 이 보증추천서를 통해 해당 지역에 있는 신용보증재단에 제출하고 보증서를 발급받아 금융기관에 가서 필요한 자금을 대출 받을 수 있다.

(2) 창업기업 지원자금

제조업, 건설업, 운송업, 광업을 영위하는 자에게 지원하는 기업육성자금이며, 사업개시일로부터 7년 미만의 중소기업으로 창업을 준비하는 자에게 중소기업진흥공단에서 지원하는 자금이다.

이 자금의 지원범위와 조건은 사업장 건축이나 사업장 확보(매입, 경매, 인수, 합병)에 소요되는 자금과 생산설비, 검사장비도입 등 시설자금 그리고 창업에 소요되는 운전자금, 제품생산비용 및 기업경영에 소요되는 자금이다.

(3) 청년창업 지원자금

우수한 창업아이템이나 아이디어를 보유한 청년들에게 창업을 촉진할 목적으로 지원되는 자금인데, 이 창업자금은 창업교육과 컨설팅을 패키지 형태로 지원돼는 것이 일반적이다.

지원대상은 문화콘텐츠업, 지식서비스업 및 신규제조업을 영위하려는 39세 이하의 예비 창업자 및 창업한 지 3년 미만의 기업에 해당된다. 이 자금 신청자는 사업계획서를 첨부하여 자금을 신청하면 접수와 동시에 창업교육과 컨설팅 실시 결과를 통해 사업타당성을 평가받아 적합 판정을 받으면 지원대상자로 결정된다. 이 자금은 중소기업진흥공단에서 직접 운영하는 융자상환금 조정형과 취급은행에서 운영하는 민간금융매칭형 두 가지가 있다. 다만, 창업과 기업경영에 소요되는 운전자금에 한해서 1개 기관을 통해서만 지원받을 수 있다.

(4) 우수발명품 제작지원

아이디어를 이용하여 창업하고자 하는 경우, 특허청과 한국발명진흥회에서 특허기술 사업화에 앞서 등록특허, 등록유지 결정된 실용신안, 등록디자인을 보유하고 있지만 작품 제작비용이 부족한 창업자에게 작품 제작비용을 지원하는 자금이다.

이 외에도 발명의 기술성, 사업성 구축 및 평가에 소요되는 평가수수료를 지원하는 자금과 특허가치평가에 의한 사업화 자금지원이 있는데, 이 자금은 특허청과 한국발명진흥회가 한국산업은행, 기술보증기금과 연계하여 특허기술 가치평가와 우수특허기술에 대하여 자금을 지원하고 있다.

(5) 지방자치단체의 창업지원 자금

우리나라 각 지방자치단체는 지방 중소기업의 육성발전 및 창업의 활성화를 위하여 해당 지역의 창업자를 위하여 창업자금을 지원하고 있다. 지자체의 각 시와 도에서 지원하는 창업자금은 중앙정부와 지방자치단체가 50:50으로 자금을 조성하여 창업후 2년 이내의 기업을 대상으로 최장 8년 이내에서 저리로 자금을 지원하고 있는데, 각 시·도 지방자치단체별로 창업자금 종류, 지원대상, 금액 등 지원조건이 다양하므로 창업자금을 지원 받으려면 해당 지자체 담당부서로 문의하여 자세한 사항을 알아보아야 한다.

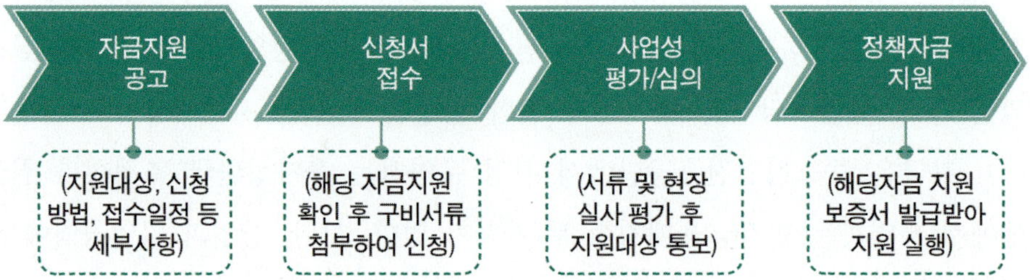

[그림 4-5] 정책자금 지원 절차

4. 기타 창업지원제도

창업자금 지원제도 외에 기술과 사업성을 가지고 있으나 사업장이나 창업부지 또는 시설을 확보할 수 없는 창업자에게 창업입지선정, 창업보육센터, 벤처 창업타운, 연구소 내 공장설치 등을 통해 창업이 원활하게 진행될 수 있도록 하는 제도이다.

(1) 창업 입지지원

창업지원법에 의거 중소기업 창업자가 제조업을 영위하기 위해 국가, 지자체, 농공단지가 아닌 개별입지에 공장을 설립하고자 하는 경우 농지, 산림, 환경 등에 의해 개별적으로 받아야하는 복잡한 인허가 사항을 일괄처리함으로써 절차를 간소화하여 공장설립을 지원하는 승인제도이다.

신청대상은 창업한 지 5년이 경과하지 아니한 사업자로 제조업종 공장을 설립하고자 하는 자로 창업 사업계획 승인을 받으려면 시·군·구청에 설치된 중소기업 창업민원실에 비치되어 있는 창업사 업계획 승인신청서에 관련서류를 첨부하여 시장, 군수, 구청장에게 제출하면 되는데 창업사업계획승인신청 서류는 다음과 같다

- 사업계획 승인신청서
- 사업계획서
- 사업예정지 지적도
- 부동산 권리자의 사용동의서

(2) 창업보육센터

창업보육센터(Business Incubator; BI)는 창업자나 창업 후 사업을 운영하는 사업자들에게 창업 및 경영전반에 대한 전문가와 시설을 갖추고 창업을 지원하는 기관이다. 기술과 사업성은 있으나 자금과 사업장 및 시설확보에 어려움이 있는 창업자나 예비창업자에게 개별 또는 공동시설을 저렴하게 제공함과 아울러 창업정보, 경영, 세무, 기술지도 등을 통해 창업에 따른 위험부담을 줄이고 원활한 성장을 유도하므로서 성공적인 창업을 돕기위해 설치된 기관이다.

이러한 창업보육센터는 대학의 기술지원, 벤처기업 공동연구 등을 목적으로 대학, 공공연구기관, 지방자치단체 및 민간기관 등 우리나라에 약 3백여 개가 설립되어 있다.

창업보육센터의 우선 입주대상은 벤처 또는 기술집약형 업종의 창업자와 예비

창업자이며 각 대학이나 기관의 특성에 적합한 업종에 따라 입주자격이 다양하다. 입주기간은 대부분의 경우 2년 이내이며 보육센터 운영기관과 협의하여 기간을 연장할 수 있다. 보육센터에 입주할 자격이 주어진 창업자는 다음과 같은 다양한 혜택을 누릴 수 있다.

첫째, 소자본 창업자나 예비창업자에게 창업 방법과 경영기법을 빠르게 습득할 수 있는 기회가 주어진다. 창업세미나 및 창업스쿨 등 교육기회를 통해서 혼자 독립적으로 준비하는 것보다 비용도 절약하고 빠른 시간 내에 효율적으로 준비할 수 있다.

둘째, 보육센터는 중소기업청 등 공공기관 등과 유기적인 관계를 맺고 있어 창업에 유용한 다양한 정보를 제공 받을 수 있고, 다른 입주업체의 사업자와 관련기관으로부터 많은 정보를 공유하여 활용할 수 있는 기회가 주어진다.

셋째, 각 분야의 전문가 pool을 활용할 수 있다. 각 보육센터에는 각 분야의 전문가로 구성된 인적 네트워크가 연결되어 있어 아이템의 사업성 분석, 사업계획서 작성, 특허출원 및 세금상담 등에 대해서도 전문가의 지도를 받을 수 있다.

넷째, 창업비용 등 사업 수행에 따른 비용을 절감할 수 있다. 센터에 입주하여 창업 시에는 저렴한 임대료 및 관리비와 함께 사무실 운영에 필요한 컴퓨터, 집기, 비품, 통신 인프라 등이 구축되어 있어서 이에 대한 구입 및 운영비용을 현저히 줄일 수 있다.

(3) 벤처 창업타운 및 집적시설

벤처 창업타운은 벤처기업 육성을 촉진할 목적으로 우수한 기술과 전문인력이 풍부한 벤처기업과 창업투자회사, 금융기관, 신용보증기금을 동시에 입주하게 하여 우수한 아이템을 쉽게 창업할 수 있도록 각종 서비스를 원스톱으로 제공할 수 있는 창업인프라를 구축한 지역이다. 이곳은 특별히 벤처 창업기업에 적합한 입지를 저렴한 가격으로 공급함으로써 벤처기업 창업촉진 및 육성발전에 기여하고 있다.

벤처기업 집적시설은 교통, 정보통신, 연구시설, 금융 등 기능이 집중되어 기업 경영여건이 우수한 도심에 벤처기업이 단체로 입주할 수 있는 공간을 사전에 확보하기 위하여 민간빌딩 등을 벤처기업 직접시설로 지정하여 각종 지원을 실시함으로써 도심의 벤처 입지공간을 확대하기 위해 시행되는 제도이다. 이 외에도 아파트형 공장건립 공급, 중소기업 전용단지 조성 등이 있다.

5. 창업행정 및 인력지원 제도

중소 창업기업을 지원하기 위하여 정부 및 중소기업 관련 기관에서 창업자에 대한 창업컨설팅, 정보, 기술 인력 지원 등 각 분야별로 전담기관을 두어 행정적으로 지원하는 동시에, 우수한 기술인력이나, 교수, 연구원 등을 벤처기업 창업에 원활히 공급되게 하기 위해 각종 인력지원 제도가 있다.

(1) 창업절차 간소화 제도

중소 제조업 창업을 위해 공장을 설립할 경우에 창업자는 인허가 절차 등으로 인하여 공장설립 착공이 지연되는 등 창업과정에 애로사항으로 작용하는 사례가 많았는데, 이러한 애로사항을 해결하기 위해 중소기업 창업지원법에 의거 창업사업계획 승인제도를 시행하여 중소 창업기업이 공장설립 이전에 시장, 군수, 구청장으로부터 승인을 받게되면 공장설립과 관련된 30~60개에 이르는 법률과 인허가 사항을 일괄 처리할 수 있게 됨으로써 공장 설립절차가 간소화되었다.

(2) 창업정보 제공 제도

창업자 및 예비창업자에게 창업과 관련된 각종 정보를 제공하여 그들이 필요로 하는 유용한 정보를 신속하고 편리하게 활용하여 빠른 시간 안에 성공적인 창업이 이루어지도록 하는 기관과 단체들이 있다.

창업과 관련된 정보제공 기관으로는 중소기업청, 소상공인지원센터, 중소기업진흥공단, 중소기업창업투자회사, 중소기업창업투자조합, 중소기업상담회사, 상공회의소, 정보통신연구진흥원, 한국소프트웨어진흥원, 한국경영기술컨설턴트협회, 근로복지공단, 한국여성경제인단체 등 다양한 기관이 있다.

이 외에도 각 지방자치단체의 중소기업 민원실, 신용보증재단, 신용보증기금, 기술신용보증기금, 한국수출보험공사, 중소기업기술지원센터, 미소금융재단 등에서도 신규창업을 위한 각종 창업정보를 제공하고 있다.

(3) 연구원, 교수 등의 겸직제도

「벤처기업육성에 관한 특별조치법」에 의거 정부출연 연구기관의 연구원은 그 소속기관장의 허가를 받아 벤처기업의 대표자 또는 임직원을 겸임 또는 겸직을 할 수 있는 제도이다. 이러한 제도의 목적은 대학 연구기능의 우수한 인력을 벤처기업 창업과 경영에 참여시켜 연구 및 개발에 기여하도록 함으로써 벤처기업 창업을 촉진하는 데 있다. 겸직대상은 국공립대학 및 사립대학 교원과 「한국과학기술원법」에 의한 국공립 연구기관의 연구원이며 겸직기간의 제한은 없다.

한편 위 대상자가 벤처기업을 창업을 하거나 벤처기업의 임원으로 근무하는 경우는 3년 이내에서 휴직할 수 있는 제도도 마련되어 있다.

(4) 스톡옵션 및 병역특례 제도

스톡옵션(stock option)제도는 전문경영인이나 전문기술 보유자들을 기업이 고용하고자 하는 경우 많은 자금의 부담없이도 기업과 당해 임직원의 이해관계를 일치시킴으로써 주인의식을 고취하여 성취의욕을 높이고자 하는 제도로서 스톡옵션이란 주식매입선택권으로 회사가 임직원에게 자기회사 주식을 일정량 만큼 매입할 수 있는 권리를 부여하는 것이다. 이 제도를 도입하는 경우 스톡옵션에 대한 세제감면으로 벤처기업이 고급인력을 확보하고 경쟁력을 제고할 수 있도록 지원하는 것이다.

한편 벤처기업의 우수 기술인력을 확보하기 위한 벤처기업 부설연구기관에 대하여 병역특례 전문연구원 제도가 있다. 병역특례 전문요원으로 선발된 연구원은 병역특례지정업체로 선정된 벤처기업에 종사할 수 있으며, 의무종사기간 2년 이내에서 새로 선정된 병역특례지정 벤처기업으로 전직할 수 있다

(5) 조세지원제도

정부는 유망한 사업아이디어를 가진 자가 쉽게 창업할 수 있도록 절차를 간소화하고 금융 및 세제상 지원을 하고 있다. 창업기업이나 벤처기업에 투자한 금액에 대해서는 법인세, 소득세, 등록세, 재산세 및 개발이익부담금 등 관련세금을 전액 면제해 주거나 일부를 감면하는 등의 조세지원을 하고 있다. 또한 창업자뿐만 아니라 창업자를 지원하는 기관인 창업투자회사를 비롯하여 투자조합 등에도 특별한 세제지원을 함으로써 이들 지원기관이 활성화되도록 뒷받침하고 있다.

〈표 4-1〉 창업관련 조세지원제도

구 분	관련 법규	지원내용
법인세 (소득세)	창업지원법 제25조 조세특별법 제6조	• 수도권 내 기술집약형 중소기업 창업자는 3년간 50% 감면하고, 그 다음 2년 내 종료하는 과세년도는 30% 감면 • 농어촌지역 중소기업 창업자 및 수도권 외 중소기업창업자는 창업 후 6년간 법인세(소득세)의 50% 감면
등록세	지방세법 제280조	• 창업 후 2년내 취득한 사업용 재산에 대해 등록세 면제 • 대도시지역 벤처기업 집적시설입주 벤처기업에 대하여서는 등록세 3배 중과세 배제
취득세	지방세법 제280조	• 창업 후 2년 내 취득한 사업용 재산에 대해 취득세 면제 • 대도시지역 벤처기업 집적시설입주 벤처기업에 대해서는 취득세 3배 중과세 배제
인지세	조세특별법 제116조	• 창업 후 2년간 금융기관 융자관련 서류에 대해 인지세 면제
재산세 종토세	조세특별법 제121조	• 창업 후 5년간 재산세 및 종합토지세 50% 감면 • 대도시지역 벤처기업 집적시설입주 벤처기업에 대해서는 등록세 5배 중과세 배제
농특세	농특세법 제4조	• 창업 중소기업 등의 소득세 또는 법인세, 취득세, 등록세 등의 세액감면에 대해서는 농특세를 부과하지 아니함
주식양도 차익	조세특별법 제13조	• 중소기업창업지원법에 의거하여 창업기업에 출자해서 발생한 양도차액에 대하여 비과세

PART

02

경영의 실제

기업을 창업하고, 그 기업의 목표를 달성하기 위해 노력하고, 이익이 나면 사회에 환원하기도 하는 모든 과정들은 경영의 연속된 과정이다. 개인기업이든 법인기업이든 창업한 이후에 꼭 필요한 활동 요소들이 경영인데, 우리는 이를 '기업을 경영하다. 사람을 관리하다. 마케팅을 하다' 등등 서로 다른 용어로 쓰고 있지만 사실은 경영, 관리, 마케팅, 목표달성, 세금절세, 사회봉사 등이 모두 기업 경영활동에 필요하면서도 운영되는 비슷한 용어들이다.

국어사전에서 경영은 '기업이나 사업 따위를 관리하고 운영하는 것'이라고 나타내고 있다. 이때 '경영(經營)'이란 말은 맹자에 나오는 '경지영지(經之營之)'의 줄임말로 "처음에 건물을 짓기로 계획하고 시작했는데, 뭇 백성들이 공력을 합하여 하루도 못 되어 그것을 만들었네. 임금이 처음엔 천천히 하려고 했으나 많은 백성들이 자식이 아버지 돕듯 달려 왔도다."라는 뜻으로 쓰여 있다. 이는 결국 '계획하고 짓는 것'인데, 지금의 용어로 보면 경영인 것이다. 경영을 하게 되면 그 일을 서로가 힘을 합해 효과적으로 이루어야 한다는 것을 의미한다.

영문학에서는 경영(management)이란 비영리 조직 또는 영리적 조직을 관리, 운영하는 것을 말한다. 여기서 man은 손의 의미를 가지는 라틴어 hand에서 유래된 말이다. '인간의 손(노동)이 필요한 곳, 정리 정돈을 하는 것 그리고 관리하는 행동'이라는 의미를 내포한다. 같은 개념의 단어로 Business Administration이 있는데, administer는 '운영하다'라는 영어 동사로 '봉사하다'는 의미도 갖고 있다.

우리말과 영어, 한자 모두 경영에 대한 맥락은 같다. 어느 조직이든 관리하고 운영한다는 것은 결국 무언가를 이루고 싶다는 열망이 들어 있다. 공동의 목표를 향해 달려가는 것이 경영인 것이다. 큰 기업이든 작은 기업이든 그 목표와 경영활동 요소들은 비슷한 것이다. 특히 기업의 경영에 대한 책임은 영리 기업이든 비영리 기업이든 대표적인 책무는 사회적 공헌이다. 사회적 책임을 다하는 것이 기업(조직)의 의무라는 말을 그 경영의 책임을 뒷받침해 주는 것이다.

Part II에서는 경영과 기업문화, 인사관리와 조직관리, 마케팅과 고객관리 그리고 세무전략과 절세에 대한 기초이론과 실제사례 등 경영활동에 꼭 필요한 내용들을 배울 것이다. 특히 전문가에게 맡긴다 하더라도 대표자가 반드시 알아야 할 세무전략에 대한 내용을 구체적으로 알기 쉽게 정리함으로써 창업을 시작하는 대학생이나 청년들에게 도움이 되도록 썼다.

Chapter

05

경영과 기업문화

1. 경영관리 따라잡기

1. 경영이란 무엇인가?

경영이란 기업이나 단체를 이룬 조직이 그 조직의 목표를 달성하기 위하여 계획을 세우고, 실행을 하며, 실행 결과를 평가하는 활동과정을 경영이라 한다. 스타트업 회사와 같은 소규모 창업의 경우에는 처음부터 조직을 잘 구축하고 바람직한 기업문화를 갖출 수 있는 장점이 있다. 즉 기업을 시작하는 대표자는 기업의 목표를 달성하기 위하여 조직을 경영하는데, 기업의 목표달성을 위하여 구체적으로 어떤 일을, 어떻게, 누구와, 언제, 어디서 하는가를 지속적으로 결정하고 실행하는 것이 경영인 것이다.

(1) 기업의 특징

경영을 한다고 하는 기업은 다음과 같은 4가지의 특징을 갖고 있는데, 구성원들이 조직되어 있다 하더라도 다음과 같은 특징이 없으면 기업이라 하지 않는다. 교회, 봉사단체, 버스정류장에 모여 있는 사람들은 조직으로 구성되어는 있지만 다음의 특징을 갖고 있지는 않다.

❶ 목표(Objective)

기업의 가장 큰 특징은 목표가 있다는 것이다. 기업을 이루는 구성원(직원)은 기업의 목표를 달성하기 위하여 노력하며, 그런 노력을 하는 과정이나 결과에 자신은 소속감을 느끼게 된다. 특히 경영의 과정에서 본인의 의사나 행동이 영향력을 끼쳐 목표를 달성하게 될 때 가장 큰 만족감과 자부심을 갖게 된다.

❷ 위계구조(Hierarchy)

두 번째 특징은 기업의 위계구조이다. 예를 들면 기업은 '사장–이사–부장–과장–사원' 등과 같은 조직구조가 있다. 각 조직 단위를 맡고 있는 사람에게는 조직의 목표를 달성하는 데 필요한 권한과 의무, 책임이 주어지며 이를 종합하면 기업의 목표를 달성하기 위함이다.

❸ 규칙(Rules)

기업은 기업의 모습과 운영에 대한 내용을 정한 규정이나 규칙이 있어야 한다. 이 규정에는 세부조직의 목표, 위계구조에 대한 것은 물론이고 조직의 운영방침과 방향 등 세부적인 내용이 담겨야 한다. 이 규정은 문서화하여 직원들이 공유할 수 있어야 한다.

❹ 목표의 달성 여부(Achievement)

기업의 존재는 목표의 달성 여부에 영향을 받는다. 목표를 달성하지 못할 경우 기업의 존재 여부가 불투명하고 구성원들은 의욕상실과 경제적 도움을 갖지 못한다. 이익을 추구하는 기업이므로 기업의 목표를 달성하려는 구성원들의 노력은 조직의 성장, 발전에 매우 중요한 영향을 끼친다.

(2) 기업경영의 기능

기업의 경영은 '계획–실행–평가–개선'이 순환되는 과정으로서 필요한 자금을 조달하고, 직원을 채용하며, 제품이나 서비스를 판매하고, 이러한 결과를 평가하고 개선하며 정리하는 일들이 있는데, 소규모 스타트업 회사의 주요 기능들을 정리하면 다음과 같으며 이를 조직화하면 기구조직이 되는 것이다.

❶ **인적자원관리:** 직원의 채용, 교육, 배치, 업무부여 및 평가(총무팀, 인사팀)
❷ **생산 · 운영관리:** 제품이나 서비스의 생산 또는 창출 제공(생산팀, 운영팀)
❸ **마케팅 및 고객관리:** 제품이나 서비스의 홍보판매 및 고객 확보, 증대(영업팀)
❹ **재무 · 회계관리:** 조직의 필요한 자금 조달 및 운용, 기업경영활동의 요약(재무팀)

2. 스타트업 기업의 경영관리

경영은 기업의 목표를 달성하기 위한 활동과 과정으로서 기업은 기업의 목표 달성을 위하여,

- 계획을 세우고(Plan)
- 이를 실행하며(Do)
- 실행결과를 평가하고(See)
- 이를 다시 계획에 반영(Feed-back)

하는 일련의 연속과정으로 이루어진다. 이를 경영의 순환과정이라고 하며 각 단계의 머리글자를 따서 'PDS 사이클'이라고 한다. 경영활동은 한번만 하고 끝나는 것이 아니라 당초 세웠던 계획의 실행결과를 새로운 계획에 계속적으로 피드백하면서 기업의 목표를 달성하기 위한 방향으로 순환된다.

1. 스타트업 기업의 경영관리 체계

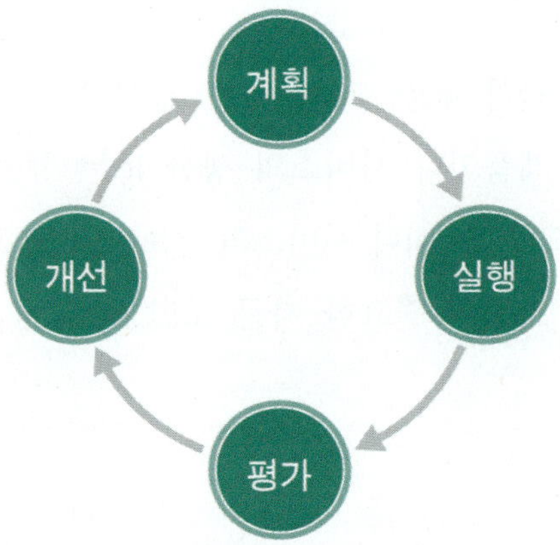

(1) 계획수립(Plan)

계획수립은 기업 또는 세부 조직이 달성하려는 미래의 목표를 정하고, 이 목표를 달성하기 위하여 직원들이 어떤 일을 어떻게 해야 하는지를 정하는 것이 경영활동에서 가장 중요하다고 할 수 있다. 계획을 수립할 때는 과거에 경험된 자료나 결과보고서 등을 참고하는 것도 좋은 과정이며, 기업은 연속되는 기업 활동에서 자료의 관리에도 신경을 써야 한다.

계획을 수립할 때에는 실행 기간에 따라 단기계획, 중기계획, 장기계획 등으로 나눌 수 있다. 일반적으로 단기계획은 1년 이내의 일상적인 조직 활동에 대한 계획을 말하며, 중기계획은 2~3년 정도의 전술적인 면이 강한 계획이다. 장기계획은 3년 이상의 기간을 대상으로 수립되는 계획을 말한다.

또한 계획은 경영활동에 대한 계획이라는 점 외에도 실행된 경영활동의 평가 기준이 된다는 점에서 매우 중요한 의미가 있다.

(2) 실행(Do)

계획이 수립되었으면 이를 실행한다. 실행단계에서는 계획수립단계에서 계획된 그대로 실천하면 된다. 계획에 나타난 바에 의해 조직화하고 대표자의 지휘와 조정에 따라 업무를 수행한다.

(3) 평가(See) 및 피드백(Feed-back)

경영활동의 단계에서 마지막 단계인 평가는 경영활동의 실행결과가 당초 수립되었던 계획과 얼마나 일치하는지를 판단하는 활동이다. 평가를 해 보면 두 가지로 구분될 수 있다. 하나는 계획보다 성과가 나은 경우이고, 다른 하나는 성과가 계획에 못 미친 결과이다. 성과가 좋은 경우에는 직원에 대한 보상과 칭찬이 주어져야 하고, 미흡한 경우에는 그 원인분석이 선행되어야 한다. 분석된 결과는 다음계획 수립 시 반영하여 보완하도록 한다.

2. 경영계획 수립의 중요성

경영관리 체계 중에서도 경영계획 수립은 가장 중요한 첫 단계이며, 이를 기초로 하여 경영의 활동과 평가가 시작된다. 경영계획 수립을 통해 얻게 되는 중요한 결과는 다음과 같다.

(1) 집중도를 높이고 유연성을 향상시켜 준다

계획수립은 조직과 구성원의 집중도와 유연성을 높여 준다. 계획수립이 잘 되면 직원들이 하여야 할 일이 명확하기 때문에 조직의 역량이 분산되지 않고 집중도가 커진다. 계획수립이 잘된 조직에서는 어떤 것이 최선을 다하는 것인지 알며, 고객이 무엇을 필요로 하는지, 어떻게 하는 것이 그들에게 잘하는 것인지를 알고 있다.

(2)조직 구성원의 행동지침이 된다

계획은 사람들이 행동할 때 조직의 목표를 달성하는 방향으로 행동할 수 있도록 하나의 지침이 되며 다음과 같은 이점이 있다.

❶ 결과지향: 계획수립 시 달성하여야 할 성과를 사전에 인지하기 때문에 결과지향적으로 노력하게 된다.
❷ 우선순위: 어떤 일에 우선적으로 관심을 가져야 할지를 안다.
❸ 이익극대화: 모든 자원이 회사의 이익을 극대화하는 방향으로 사용된다.

(3) 조정을 돕는다

기업에서의 각 조직들은 각기 다양한 업무를 동시에 수행하며 이들은 조직의 목표를 달성함과 동시에 기업 전체의 목표를 달성하는 데 기여하여야 한다. 이때 조직 간에 갈등이 발생할 때에는 전체 목표에 근거하여 조정 또는 조율을 해 나가가야 하는데 이의 기준이 된다.

(4) 시간을 관리할 수 있게 해 준다

계획수립이 제공하는 또 하나의 이점은 시간관리를 돕는다는 점이다. 계획수립이 잘 이루어지면 시간을 어떻게 배분하여 활용할 것인지 준비되어 있기 때문에 시간관리를 용이하게 할 수 있다.

(5) 통제의 근거가 된다

통제활동은 애초에 수립된 계획에 근거하여 이루어진다. 계획수립이 잘되면 성과의 측정 및 평가, 이에 대한 보상, 처벌 등이 합리적으로 이루어진다. 계획수립 없는 통제활동은 당초 의도한 방향대로 잘되고 있는지를 파악하거나 보완할 수가 없다.

3. 경영계획 수립의 목표 설정

경영계획 수립에서 확실한 목표를 수립하고 목표를 달성하기 위해서는 전략적이고 체계적인 계획을 세워야 하는데, 이러한 목표의 달성가능성을 높이기 위해서는 SMART법칙의 5가지 기준에 의해 목표를 설정할 때 달성 가능성이 높아진다.

(1) S(Specific): 구체적인 목표

목표를 구체적으로 설정하고 언제, 어디서, 무엇을, 어떻게, 얼마나 할 것인지를 분명히 정한다.

(2) M(Measurable): 측정 가능한 목표

목표달성 진척도를 판단하기 위해서 변화정도가 오감을 통해 선명하게 관찰될 수 있고 수치로 확인될 수 있어야 한다.

(3) A(Achievable): 달성 가능한 목표

목표달성의 단계를 계획해서 각 단계별로 해동을 통해서 달성할 수 있어야 한다.

(4) R(Realistic): 현실성 있는 목표

목표는 현실적이고 적절하며 실현 가능한 구체적인 결과를 도출할 수 있어야 한다.

(5) T(Time - bounded): 시간제한 목표

목표달성 기한을 정확히 설정하고 즉시 실행할 수 있는 것이어야 한다.

3. 경영 속의 기업문화

사람은 저마다의 독특한 성격인 개성이 있듯이 기업들도 그 나름의 특성과 분위기가 있기 마련인데 이것을 기업문화 또는 조직문화라고 한다. 즉, 기업문화란 기업이라고 하는 특정 조직체에 의해 생성된 것으로서 '기업 내에 존재하는 다듬어진 행동양식'이다. 다시 말하면 기업문화란 기업이라는 조직 구성원들에 의하여 의식적 · 무의식적으로 만들어지고 형성되는 것으로서 기업의 목표를 달성하는 과정에서 공유된 가치관과 신념, 조직 고유의 상징 특징 및 관리관행, 규범 등으로 이루어진 기업 특유의 문화적 가치 행동체계를 말한다. 스타트업 기업의 경우 새롭게 조직을 구성하고 문화를 구축하기 때문에 기존의 오래된 기업보다 기업문화를 만들고 가꾸기가 좋은 것이다.

1. 기업문화의 구성요소

타 기업과 확연히 구별된 기업을 경영하고자 하는 경우 바람직한 기업문화를 조성하고 만들어 나가는 것은 매우 중요한 경영활동이다. 일반적으로 기업이 추구하는 기업문화의 핵심내용은 이념과 비전 속에 함축되어 있는데 나아가서는 실천적인 목표달성의 단계까지 포함되어 운영된다.

(1) 사명(Mission)선언

기업의 사명선언은 기업의 사회적 사명이자 사회에 대한 약속이며 기업 스스로의 각오를 나타낸 것이다. 여기에는 기업이 존재하여야 하는 존재이유와 임직원들의 분명한 각오가 표현되어 있어야 한다.

<친숙한 기업들의 사명선언서>

- **애플(Apple)**
전 세계의 학생, 교육자, 창조적인 전문가, 소비자들에게 우리의 혁신적인 하드웨어, 소프트웨어, 인터넷의 제공을 통하여 최고의 개인적인 컴퓨팅 경험을 제공하는 데 기여한다.

- **페이스북(Facebook)**
사람들에게 더욱 더 개방적이고 연계가 되는 세상을 만들고 공유하는 힘을 제공한다.

- **구글(Google)**
세상의 모든 정보를 조직화하여 이를 누구나 보편적으로 접근할 수 있고 누구에게나 도움이 되게 한다.

(2) 비전(Vision)

비전은 기업의 원대한 희망과 미래의 모습을 나타내는 것이다. 미래의 확실한 목표를 설정하고 이를 위해 임직원이 일치단결하여 매진해 나갈 때 기업은 성장,

발전해 나갈 것이다. 이 비전 속에는 원대한 목표와 함께 이를 실현시키기 위한 사업영역과 전략방향, 그리고 고객과 구성원에 대한 약속 등이 포함되어 있어야 한다.

(3) 경영이념

경영이념은 기업이념과 비전을 달성하기 위한 회사의 경영원칙이자 경영의 기본원리이다. 기업 활동의 성패를 좌우하는 핵심 요소 중 하나는 신속하고 올바른 의사결정과 경영의 일관성을 유지하는 것이다. 이를 위해서는 명확한 기준과 방향성이 있어야 하는데, 경영이념은 바로 기업의 의사결정과 경영활동의 기준이 되는 경영원칙을 말하는 것이다.

(4) 핵심요소

기업문화의 핵심요소는 직원들이 실현해야 할 조직문화의 구체적이고 바람직한 모습을 나타낸 것이다. 기업문화의 기본 바탕을 형성하는 조직분위기 및 의식의 지향점을 나타낸 것으로 직원들의 일상생활과 밀접하게 연관되어 있다.

(5) 행동지침

직원들의 행동지침은 직원들 모두가 가져야 할 생활자세를 요약해 놓은 것이다. 기업이 원대한 비전과 훌륭한 전략을 가지고 있다 해도 직원들의 관심과 이해를 바탕으로 한 참여가 뒷받침되지 않는다면 아무것도 달성할 수 없게 된다. 기업은 대표자 몇몇이 끌고 가는 것이 아니라 전 구성원들이 힘을 합하여 움직이는 것이다.

2. 바람직한 기업문화 조성

바람직한 기업문화를 만들어 나가고자 하는 궁극적인 목적은 직원들이 자신의 일을 취미생활하듯 즐겁고 신나게 해 나갈 수 있는 조직 풍토를 만들어 나가는 데 있다. 다시 말해 조직 내에서 일에 대한 흥미와 사명감을 느끼며 소신껏 일할 수 있는 활기 넘치는 분위기를 만들고, 그 속에서 직원들이 자신의 몸과 마음을 다해 자발적으로 성실히 일할 수 있도록 하자는 것으로 다음과 같은 바탕이 있어야 한다.

A사는 늦어도 출근시간 10분 전에는 전원이 출근하여 그 날의 업무에 대해 미리 준비하고 정시에 근무하는 경우이고, B사는 출근 후 옷을 갈아입고 차를 마시고 핸드폰 등을 보다가 출근 시간 30분 후가 돼서야 비로소 근무하는 기업이라면, 평상시에는 별 차이 없이 유지되는 것처럼 보이겠지만, 실제로 두 회사가 동시에 어려운 상황에 부닥치게 된다면 두 기업의 저력은 불을 보듯 확연하게 드러날 것이다. 이것이 바로 기업문화의 차이이다.

(1) 비전 공유

기업의 비전과 함께 직원 개개인에게도 비전이 제시되어야 한다. 조직과 개인의 목표가 동시에 실현되도록 구체적인 비전을 설정하고 실행해 감으로써 기업과 개인이 동시에 발전을 이룰 수 있어야 한다.

(2) 능률과 성과의 조화

기업문화가 화려하고 공허한 이론만으로 되면 직원들로부터 외면당할 것이다. 기업의 미래는 기업을 이루는 직원들이 생각하고 행동하는 대로 이루어지기 때문이다. 기업과 직원들이 합리적인 조화를 이룸으로써, 모두가 동일한 위기의식과 공통된 가치관을 공유하고 서로가 신뢰하며 업무를 추진할 때 바람직한 기업문화가 형성되는 것이다.

(3) 사랑받는 기업들의 기업문화 특성

사랑받는 기업들의 풍부하고 다양한 문화는 한 단어로 요약한다면 사람이 중심이 된다는 것이다.

❶ 배움의 문화

사랑받는 기업들은 '배우는 조직'이 되기 위해 매우 노력한다. 그들은 기존 직원뿐만 아니라 새로운 신입 직원의 교육에 대해 많은 투자를 한다. 교육을 통해 회사의 경영가치와 비전 등에 대해서도 같은 생각, 같은 마음을 갖는 것이다.

❷ 신뢰의 문화

높은 성과를 보이는 기업들은 직원들 상호 간에 많은 신뢰를 갖고 있고 외부로부터 높은 신뢰를 받는 기업들이다. 신뢰는 기업, 직원, 고객 그리고 다른 이해 당사자들이 최소의 갈등과 최대의 조화로 함께 일할 수 있게 해주는 윤활유이다.

❸ 성실함 문화

사랑받는 기업의 대부분은 성실성의 가장 높은 기준을 유지하는 것을 강조한다. 이것은 사명(mission) 선언이나 다른 공식적인 문서에 직접적으로 반영한다. 성실함은 관련되어 있는 모든 사람들과의 긍정적이고 이익이 되는 기초이다.

❹ 투명성의 문화

요즈음 기업에서는 성실함과 함께 중요한 가치로 투명성을 들고 있다. 오늘날 정보가 넘치는 세상에서, 기업들이 중요한 정보를 직원, 고객, 공급업체나 다른 외부에 숨기는 것은 사실상 불가능하다. 투명성은 기업에게 이점을 줌과 동시에 직원들 간에 신뢰를 쌓는 중요 요소이다.

❺ 소속과 일체감의 문화

사랑받는 기업들은 소속감 혹은 사랑의 분위기를 만드는 데 탁월하다. 이것은 직원들, 고객들이 한 기업에 같은 일원으로 속해 있다고 느끼는 것을 말 한다. 사랑받는 기업의 직원들은 그냥 직원이 아니라 가족이다. 직원이나 고객들의 가족까지 생일을 챙겨줘 보자.

❻ 재미(FUN)의 문화

기업의 매우 중요한 문화가치는 '재미'이다. 직장에서 재미있는 분위기를 만드는 정도는 차이가 있지만 모두 그것이 중요하다고 생각하고 있다. 아마존의 CEO 제프 배조스는 직원들에게 "열심히 일하고, 재미를 느끼고, 역사를 만들라"고 강조한다.

4. 경영자의 자기관리

경영자는 제품을 생산하든 서비스를 제공하든 어떤 조직을 이끌고 그 결과에 대해 책임을 지는 사람이다. 따라서 대기업이나 중소기업, 스타트업 기업의 대표자도 똑같은 경영자이고 교회 목사, 가정주부도 같은 경영자라고 할 수 있다. 그 이유는 이들이 어떠한 목적으로 일을 하든지 조직의 활동을 계획하고 조직화하고, 지휘하고 통제하는 기본적인 기능을 수행하고 있기 때문이다. 대표라고 해서 출·퇴근 시간을 마음대로 하거나, 회사의 비용을 마음대로 사용한다면 그 기업은 오래 가지 못하고 직언들은 떠날 것이다. 철저한 자기관리와 경영마인드가 필요한 것이다.

1. 경영자의 필요능력

(1) 열정(강한 의욕)

창업을 하는 경영자에게 먼저 요구되는 능력은 열정이다. 창업자의 열정은 사업과 일에 강한 의욕을 갖고 몰입하는 데 도움을 준다. 특히 새로운 기업을 창업하고 운영하는 데는 많은 노력과 열정이 필요하기 때문이며, 열심히 한다고 성공이 보장되지는 않는다. 열정과 함께 합리적인 계획과 판단이 보완적으로 필요하다.

(2) 정신능력

경영자의 정신능력이란 지적능력, 창조적 사고력, 분석적 사고력 등을 말한다. 이런 정신적 능력에 의하여 사업의 당면문제를 체계적으로 분석하고, 창조적인 문제해결책을 제시하며, 일을 합리적으로 수행할 수 있는 것이다. 이런 능력은 사업기회를 포착하여 사업화하는 데 중요한 역할을 수행한다.

(3) 대인관계 능력

궁극적으로 직원들이나 고객 등 이해관계자들과 우호적인 관계를 유지해야 하기 때문에, 인간관계능력은 주로 정서적 안정성, 대인관계의 기술, 사교성, 타인에 대한 배려, 감정이입 능력 등을 말한다. 이런 대인관계능력은 고객과 종업원의 생각과 입장을 이해하게 함으로써 사업운영에 많은 도움을 줄 수 있다.

(4) 의사소통능력

의사소통능력은 문서 또는 말로써 자신의 의사를 표현하고 전달하는 능력을 말하는데, 경영자는 사업을 원활하게 운영하기 위하여 고객, 직원, 이해관계자 등과 효과적으로 소통하여야 하므로 사업을 위한 필수 능력이다.

(5) 의사결정능력

기업의 경영활동은 의사결정과정의 연속이다. 그러므로 경영자는 전략적 의사결정을 할 수 있는 능력을 갖추어야 한다. 합리성과 신속성을 유지하면서 가급적 정확한 판단으로 결정하여야 한다.

(6) 문제해결 대안제시 능력

문제해결 대안제시 능력은 복잡한 경영의 핵심을 간판하고 그것을 간절한 형태로 재구성함으로써 더욱 효과적으로 문제를 해결할 수 있도록 대안을 제시할 수 있는 능력을 말한다. 회사 내부 문제에 있어서도 전체 조직의 특성과 문제점을 정확히 파악하여 조직의 각 부문들이 사업성공을 향해 함께 힘을 모을 수 있는 방법을 강구하는 것이다.

2. 경영자의 자질

(1) 인성과 교양

경영자에게 요구되는 자질은 무엇보다도 단순한 경영수단이 아니라, 새로운 시대에 맞는 경영감각과 사회적으로 신뢰받을만한 인성과 교양을 갖추어야 한다.

(2) 목표달성 의지

미래의 환경변화에 대한 예리한 통찰력과 판단력을 발휘하여 장기적인 관점에 근거한 경영 활동으로 목표를 달성하려는 의지가 있어야 한다.

(3) 강한 추진력

새로운 사업에 대한 창의력이 있어야 하며, 이를 계속 수행할 수 있는 강한 추진력이 있어야 한다.

(4) 기업가정신

항상 환경변화에 도전하여 새로운 사업기회를 적극 모색하여야 하며, 자신의 모든 것을 투자하고 희생시킬 수 있는 투철한 기업가정신을 가지고 있어야 한다.

(5) 윤리마인드

개인의 영리추구에 그치지 않고 경영 전반에 대한 철저한 윤리의식과 사회적 책임을 인식할 수 있어야 한다.

(6) 독립심

경영을 통하여 자아실현을 달성하겠다는 강력한 성치욕구와 타인에게 종속되고 싶어 하지 않는 독립심이 있어야 한다.

(7) 자기개발

자기 자신에게 요구되고 있는 능력과 자질을 충분히 인식하고 스스로의 능력개발을 위한 자기개발을 게을리 하지 않아야 한다.

3. 경영자의 자기관리

(1) 자기관리의 시작 - 남들과 다른 길을 가는 것

남들과 다른 길을 간다는 것은 쉽지 않은 길이다. 스칸디나비아반도에는 '레밍'이라는 쥣과의 설치류가 산다. 레밍은 절벽 아래로 뛰어 드는 '집단 자살'을 벌이는 것으로 유명하다. 이 이상한 집단 자살행위는 이렇게 시작된다.

어느 날 몇 마리의 레밍이 무작정 뛰기 시작한다. 그러면 주변의 수많은 레밍이 영문도 모르고 따라 뛴다. 그런 식으로 아무런 이유도 모른 채 다른 레밍들이 뛰니까 뛰게 된다. 그렇게 수천 마리가 함께 뛰고, 절벽을 만나도 멈출 수 없어 모두 아래로 떨어지게 되는 것이다.

아직 이러한 현상의 이유에 대해 밝혀진 것은 없지만, 이처럼 특별한 이유 없이 무작정 다수를 따라 하는 것을 '레밍 효과'라 한다.

TV에서 맛있는 집으로 소개되면 손님이 몰리고 방청객의 웃음소리에 따라 웃게 되는 것이 바로 이 때문이다. 이는 자신의 진로를 설정할 때 강하게 나타난다. 대개 누군가가 조금 다른 길을 가게 되면 이렇게 말하곤 한다.

"김대표! 네 꿈은 너무 비현실적이야, 지금은 투자를 해야지."

"남들 다 바이어들과 골프영업이다, 명절마다 인사를 하는데 김대표는 뭐하는 거야?"

대다수가 정한 틀에 묶여, 남들과 다른 길을 가고 있다면 저런 말들에 기죽지 마라. 적어도 무작정 따라 가는 것보다는 훨씬 낫다. 철의 여인으로 유명한 영국의 마거릿 대처 수상은 이렇게 말했다.

"남들과 다른 생각을 하는 것, 다른 길을 가는 것을 오히려 축복이라 생각하라. 자기가 역사의 주인이 될 가능성이 높은 사람이다."

(2) 자기관리 5단계

자기관리 단계는 자신의 비전과 목표를 정립하고, 자신의 역할 및 능력을 분석하여 과제를 발견하며, 이에 따른 일정을 수립하여 시행하는 절차로 이루어진다. 이렇게 시행된 결과는 지속적인 자기관리를 위하여 반성하고 피드백한다.

생각해 봅시다

대한민국 청춘의 성공 롤모델

꿈을 전파하는 '골든 벨 소녀' 김수영

1999년 실업고 출신으로는 처음으로 '도전 골든벨'에서 골든벨을 울려 화제가 된 김수영 씨가 '꿈의 전도사'로 나섰다. 글로벌기업 로열 더치쉘의 영국지사에서 총괄매니저로 근무하고 있는 그녀는 해외 취업을 모색하고 있는 젊은이들 사이에선 이미 유명인이다. 블로그에 해외취업 성공기를 올린 것을 계기로 많은 젊은이들의 해외취업의 멘토를 해 주고 있다.

"하루 800여 명이 제 블로그를 방문합니다. 요즘은 너무 바빠서 답장을 못하고 있는데 가장 많이 받는 질문이 '토종 한국인도 가능한가?', '학벌이 좋지 않은데 가능한가?' 등이에요. 그런데 도전해 보지도 않고 포기하는 분들이 많아요. 저 역시 국내는 물론 해외에서도 수없이 떨어졌지만 다시 부딪치면서 하나씩 이뤄가고 있는 걸요?"

김씨의 삶은 많은 이들에게 용기를 준다. '가출소녀'로 불우한 시절을 보내다 자신의 꿈을 발견하면서 180도 다른 삶을 살게 됐기 때문이다. 그녀는 중학교 시절 막노동하던 아버지가 술에 의지하면서 가족을 소홀히 하자 방황하기 시작했다. 엄마는 생계를 잇느라 허덕였고, 집과 학교에 마음을 두지 못한 소녀는 문제아가 됐다. 그러나 자신의 꿈을 위해 자기와의 싸움에서 진학을 결정한 그녀는 중학과정을 검정고시로 합격하고 여수정보과학고에 진학한 뒤 달라졌다.

그녀는 자기와의 싸움 끝에 연세대학교 영문과에 진학했다. 졸업 후에는 남들이 부러워하는 골드만삭스에 입사했다. 그러나 기쁨도 잠시 청천벽력과도 같은 암 진단을 받았다.
"이렇게 열심히 살아왔는데 왜 하필 나에게 이런 일이 생겼을까 싶어 억울했어요."
그녀는 죽음의 문턱에서 73가지의 버킷리스트를 써 보았다. 해외에서 커리어 쌓기, 고향에 부모님 집 사드리기, 마라톤 완주하기, 타임지 올해의 인물로 선정되기, 자선재단 세우기 등등 암 수술을 마친 후 자신이 써 내려간 꿈들을 완성하기 위해 2005

년 영국으로 떠났고 수십 번의 도전 끝에 지금의 직장을 얻었다. 33번째 꿈인 '오프라 윈프리 쇼'에 출연했던 그녀는 "절망적인 청소년 시절, 모두가 나를 보며 참담한 인생을 살게 될 거라고 생각했지만 나는 내가 젊다는 이유 하나만으로도 나도 괜찮은 미래를 가질 수 있다는 생각을 하였다"고 말했다.

그녀는 "어렵고 힘든 삶을 살아오면서 항상 진로의 기로에서 올바른 결정을 할 수 있었던 것은 나 자신의 꿈과 자신을 믿었기 때문이었다"고 자신 있게 말했다.

출처: 경향신문 기사

1. 어려운 환경에서도 꿈을 향해 성공한 그녀가 청년들의 롤모델이 되었던 것은 왜, 무엇 때문일까?

____

____

2. 김수영씨가 가졌던 자기관리의 성품과 자질에는 무엇이 있었을까?

____

____

Chapter

06

인사관리와 조직관리

1. 인사관리 따라잡기

제너럴 일렉트릭(GE)의 CEO 잭 웰치는 인재개발을 위하여 사내 교육연수원인 크로톤빌 연수원을 세우는데 막대한 예산을 투입하였다. 주위의 경영자들은 구조조정 때문에 공장을 매각하는데 비효율적인 연수원에 막대한 예산을 투입하는 것이 부적절하다는 것이었다. 그러나 시간은 인적자원의 중요성을 인식한 웰치의 판단이 옳았음을 증명하였다. "내 업무 시간의 70%는 인재를 발굴하는 데 사용한다"고 했던 그는 자신의 사무실에 "전략보다 사람을 우선한다"는 문구를 붙여 두고 이를 실천에 옮긴 것이다. 제너럴 일렉트릭은 경영환경이 매우 어려운 여건이었으나 직원들을 믿고 투자해 준 기업의 배려에 직원들은 열정적인 헌신으로 매년 높은 성장을 거듭한 것이었다.

1. 인사관리의 정의

인사관리란 기업에 있어 사람과 관련된 모든 활동으로 기업이 필요로 하는 인재를 선발하고, 교육하며, 활용하고, 보상하는 직원의 제반관리에 대한 경영활동을 말한다. 이러한 인사관리는 인력계획 수립부터 시작하여 필요한 인력의 모집·선발, 교육훈련 및 업무평가를 통한 보상관리까지를 포함한다.

구체적으로 보면 어느 정도의 인원이 어느 부서에 필요한지를 파악하여 인력수급계획을 세운 다음, 기업에서 필요한 능력을 갖춘 인적자원을 모집하며, 그 가운데 가장 적합한 인력을 채용한다. 선발된 사원은 교육훈련 및 경력개발을 통하여 기업에 필요한 업무나 능력을 배양하고 적합한 부서에 배치한다.

각 부서에서 근무하게 되면 보통 1년 단위로 해당 업적을 평가하여 승진이나 인센티브 지급, 이동 등을 하게 되는데, 이때 불필요한 인력의 이직을 막기 위해 직원들에 대한 유지관리도 중요하다.

이러한 인사관리의 주된 목표는 직원 각자의 자질과 능력을 효과적이고 효율적으로 활용함으로써 기업의 목표를 가장 능률적·경제적으로 달성하려는 데 있으며 다음과 같다.

❶ 채용관리: 우수한 인력을 어떻게 채용할 것인가?

❷ 개발관리: 직원들의 잠재력을 어떻게 개발하여 그들의 능력을 최대한 발휘하도록 할 것인가?

❸ 보상관리: 직원들이 창출한 실적과 가치에 대해 금전적·비금전적인 보상을 어떻게 할 것인가?

❹ 유지관리: 어떻게 하면 직원들의 사기를 높게 유지시키고, 조직의 목표달성에 자발적으로 최선을 다할 수 있도록 할 것인가?

2. 채용관리

채용관리는 필요한 인력을 확보하는 데서 시작된다. 채용관리란 인력수급계획을 수립한 후 이에 근거하여 모집, 선발, 배치를 하는 것이다.

(1) 인력수급계획 수립

인력수급계획은 현재 및 미래의 시점에서 기업이 필요로 하는 인력을 판단하고 예측하여 이에 대한 조직 내에 공급하여 적절히 조화시킬 수 있는 계획을 수립하는 것이다.

인력에 대한 수요는 기업 내부에서 파악할 수 있기 때문에 사전에 계획을 수립하는 것이 중요한데, 인력수급계획이 중요한 이유는 인적자원은 다른 자원과 달리 기업이 특정인력을 갑자기 필요로 할 때 적당한 사람을 찾기가 쉽지 않다는 데 있다.

(2) 모집

모집이란 기업이 필요로 하는 능력 있는 인력을 기업 내로 끌어들이는 채용활동을 말한다. 즉, 기업에서 필요로 하는 사람들이 적극적으로 지원하도록 정보를 제공하고 동기를 유발하는 활동이다. 이때 모집방법은 모집대상자를 내부에서 찾느냐 외부에서 찾느냐에 따라 사내모집과 사외(외부)모집으로 구분한다.

❶ 사내모집

사내모집은 자격을 갖춘 직원 중에서 승진이나 이동배치를 통해 인력을 충원하는 방법이다. 일반적으로 기업에 비치된 이력서나 근무경력을 통해 직무에 적합한 인력을 찾아내는 방법과 특수한 경우, 예를 들면 해외에서 근무하거나 외국어가 필요한 경우에는 사내 공모를 통하여 필요한 인력을 충원하는 경우이다.

❷ 사외모집

사외(외부)모집은 신문・잡지・SNS 홍보 등의 매체를 활용하여 외부인력의 자발적 응모를 통해 채용한다. 요즘은 청년 취업난이 심화되어 우수한 인력을 조직에 채용하기가 좋은데, 대학교의 취업지원센터에 의뢰하여 교수 추천 제도를 통하여 선발하는 것도 좋은 방법이다. 이렇게 모집이 이루어지고 나면 지원자집단이 형성되는데, 이들 중 적임자를 골라내는 선발과정을 거친다.

(3) 선발

모집을 통해서 응모된 지원자 중에서 기업이 필요로 하는 가장 적합한 사람을 찾는 과정이 선발이다. 기업에 필요한 우수인력의 선발은 조직에 큰 영향을 미치기 때문에 매우 중요한 경영활동이다. 사전에 제출된 입사지원서, 이력서, 자기소개서, 포트폴리오 등과 같은 자료를 통한 서류전형과 시험, 면접, 발표 등과 같은 다양한 방법이 동원되어 적격자를 찾는다.

〈표 6-1〉 신입사원 채용 평가기준

단계	신입사원 평가기준(가장 많이 보는비율 순)
이력서	전공 50%, 인턴 등 실무경력 40%, 자격증 32%, 나이 29.6% 거주지역 28%, 학력 27% 등
자기소개서	지원동기 34%, 성격(인성) 및 장단점 33%, 가치관 및 생활신조 32% 입사 후 포부 30%, 목표달성(성과) 경험 26% 등
면접	성실성 42%, 직무지식/능력 40%, 적극성 38%, 지원동기 36%, 직무비전 34% 등
기타	직무역량과 인성 중에는 인성이 가장 중요하다는 응답이 3배 이상

출처: 취업 포털 사이트 '사람인'. 2014년 상반기 채용 162개사 인사담당자, 복수 응답

(4) 배치

배치란 신입으로 선발된 인력을 각 직무에 배속시키는 것을 말하는데, 선발된 인력이 다양한 직무와 직원들과의 관계에서 잘 화합하고 융화하여 자신의 실력과 역량을 최대한 발휘할 수 있도록 하여야 한다. 선발이 우수한 능력을 가진 사람을 골라내는 단계라면, 배치는 선발된 인력을 특정직무의 요건에 맞는 사람을 찾는 단계이다.

선발된 인력은 기업의 효율성을 고려해서 기업이 개인에게 기대하는 만큼 적재적소 배치가 필연적이며, 무엇보다도 배치 시에는 개인의 능력이 최대한 발휘될 수 있도록 올바르게 배치하고, 평가하여 그 평가가 개개이의 능력과 조직의 업적으로 만족도를 느끼게 하여야 한다. 개인의 능력과 조직의 배치가 조화를 이루어 전체적인 균형을 잃지 않도록 하여야 한다.

3. 개발관리

개발관리는 채용된 인력에 대해 개개인의 역량뿐만 아니라 현재의 직무를 원활히 수행하는 데 필요한 기능과 수준을 높이기 위한 기업차원의 경영활동을 말한다. 개발관리의 주요 활동에는 경력관리, 이동/승진관리, 교육훈련 등이 있다.

(1) 경력관리

경력관리 또는 경력개발(Career Development Program; CDP)관리는 직원 개개인이 각자 자신의 경력의 성장을 기하면서 동시에 기업의 목표를 달성할 수 있도록 개인의 경력을 개발하는 경영활동이다. 직원들은 누구나 기업에 입사하면서 나름대로의 목표나 포부를 갖게 된다. 사장이 되겠다는 당찬 야심도 있고, 최고 전문가가 되겠다는 자신감을 갖기도 한다. 이러한 목표를 달성하기 위해 기업에서는 그에 걸맞는 경력을 쌓고 달성될 수 있도록 하는데, 이런 개개인의 성장이 기업의 성장으로 연계되도록 경력관리 활동을 해 나간다.

(2) 이동 및 승진관리

기업에서 직원들을 대상으로 이루어지는 인사이동은 크게 수직적 이동과 수평적 이동이 있다. 수직적 이동은 승진, 강등이 있고 수평적 이동은 능력개발이 목적인 직무순환이 있다.

❶ 승진

승진은 직급과 보수가 상승하면서 권한과 책임이 커지는 것을 말한다. 승진은 직원의 입장에서는 개인의 자아발전 욕구를 충족시키고 기업 입장에서는 더 많은 능력을 발휘하도록 보상의 측면이 있지만, 탈락하는 경우에는 직원은 물론 조직에게도 많은 영향을 끼친다. 따라서 직원 개개인의 관점뿐만 아니라 조직의 전체적인 관점에서도 객관적이고 합리적인 타당한 승진제도와 승진 사유가 명확하여야 한다.

요즘은 직급을 높여 경영활동을 증대시키는 이른바 인플레 직급을 부여하기도 한다. 예를 들면, 직급이나 연봉은 과장급이지만 직책은 본부장으로 명명하기도 하는 것이다.

❷ 직무순환

직무순환은 다양한 직무를 경험하게 함으로써 관리자가 되기 위한 종합적인 역량을 쌓도록 하는 것과, 폭 넓은 직무경험을 함으로써 성장기회를 제공해 주는 외에도 인력공백이 생길 경우에 충원하기 위한 목적도 있다. 또한 동일한 직무를 오래 맡음으로써 발생하는 매너리즘과 부정 등을 막을 수 있는 장점도 있다. 특히 경리나 회계업무의 경우에는 2~3년마다 정기적 순환을 하는 것이 좋다.

(3) 교육훈련

새로이 직원을 선발하였으면 기업은 채용한 종업원들이 기업 환경과 자신들이 수행할 직무에 적응하고 조직에서 필요한 기본적인 지식, 능력, 태도 등을 습득하기 위해 체계적이고 종합적인 교육훈련을 실시한다. 이런 교육은 직무현장에서 직무를 수행하는데 이루어지는 현장 교육훈련과 직무현장 외 교육훈련으로 구분된다.

기업의 규모가 커지면 교육부서가 필요하기도 하지만 일반적으로 자체교육, 외부교육 및 요즈음은 e-러닝으로 통칭되는 인터넷에 의한 교육도 활발히 이루어지고 있다.

4. 보상관리

보상이란 기업목표에 의한 각자의 기여도에 따라 상응하는 보상이 이루어지는 것을 말한다. 크게 임금과 복리후생이 있는데 보상이 이루어지면 직원의 입장에서는 소득이지만 기업의 입장에서는 비용이다. 보상은 직원들에게 경제적 만족감이나 잠재능력의 개발, 동기부여의 수단이 될 수 있어야 하며, 그 과정에서 개인의 성과도 높일 수 있어야 한다.

스타트업 기업의 경우 업계 평균 정도의 적정한 임금수준을 유지하고 이익이 초과되는 경우에 인센티브를 주는 방법이 과도한 비용의 낭비를 제한할 수 있다.

또한 너무 과도한 긴축 경영이나 현저히 낮은 임금과 보상체계는 직원들의 의욕이 낮아지고 생산성이 떨어지는 연관성이 있어 이를 적절하게 운영하는 것이 중요하다.

5. 유지관리

아무리 뛰어나고 우수한 인재를 확보하여 우리 기업에 큰 공헌을 하고 있다 하더라도 그 인재가 다른 회사로 옮겨가면 아무런 소용이 없다. 우리 기업에 도움이 되는 인재가 다른 곳으로 옮기지 않고 우리 기업에 남아 지속적으로 충성을 다할 수 있도록 관리하는 경영활동이 유지관리이다. 주로 직원들과의 관계를 형성하여 가족과 같은 조직을 만들어 나가는 것이 좋다.

(1) 제안제도

조직의 운영이나 직무수행에 관련된 여러 가지 개선안을 직원들이 제안하도록 하고 우수한 제안에 대해서는 적절하게 보상해 주는 제도이다. 자신의 의견이 경영에 반영된다는 점에서 충성심이 높아진다.

(2) 고충처리제도

직원들의 불평이나 불만을 모아서 이를 해결하고 지원해 주는 제도이다. 단체교섭과 같은 대항적인 방법으로 해결하기에 앞서 그 원인을 해결하는 데 유용하다.

(3) 사기조사

기업 전체 또는 부서별 조직에 대하여 개인들이 갖고 있는 긍정적인 태도나 만족도를 파악하여 개선해 나가는 방법이다.

2. 조직관리 따라잡기

조직이란 어떤 공동의 목적을 달성하기 위하여 분업을 통해 함께 일하는 사람들의 집합체로서, 조직이 존재하는 이유는 조직을 통해 보다 많은 것을 달성할 수 있기 때문이다. 이러한 조직은 직원의 입장에서는 삶의 터전이며, 개인적인 만족감과 자아실현 욕구를 성취할 수 있는 장소를 제공하여 주는 것이다.

1. 조직구조의 형태

조직구조가 정해지면 비록 소규모라 할지라도 조직 계층에 의한 권한과 책임을 부여하고 적절하게 명시하여 그대로 지켜질 때 조직화되었다고 한다.

(1) 라인조직

라인조직은 대표자로부터 신입사원에 이르기까지 지휘, 명령, 통제 등의 계통이 일직선상에 의해 이루어지는 조직형태로서 스타트업 기업의 경우 초기에 이런 조직구조를 갖는다.

명령계통이 단순명료하므로 책임과 권한의 소재가 분명하며, 조직의 질서와 규율의 확보가 용이하다. 경영활동에 대한 신속한 일처리가 된다는 장점이 있는 반면 대표자의 독선적 리더십에 따라 직원들의 의욕이 떨어지고 창의력 발휘가 어려운 점도 있다.

(2) 라인 · 스텝조직

라인 · 스텝조직은 참모식 경영조직으로 기획이나 기술, 연구 등에 대해 참모 역할을 하는 스텝조직은 이 부문의 전문가에 의해 구성되고, 집행기관의 역할을 하는 라인부문에 대하여 조언과 지원을 할 뿐 업무의 실행을 직접 하지는 않는다. 전문적인 스텝의 도움을 받으면서 효과적인 경영활동이 가능하여 안정감을 얻을 수 있으며, 우리나라 기업의 경우 보통 이러한 조직형태로 운영이 되고 있다.

(3) 프로젝트조직

프로젝트조직은 어떤 특정 과제나 목표를 달성하기 위하여 만들어지는 임시적 조직으로, 프로젝트팀(Project Team) 또는 태스크포스 팀(Task Force Team) 이라고 한다.

프로젝트조직은 프로젝트의 진행에 따라 인적구성의 탄력성을 유지할 수 있고, 구성원은 프로젝트의 목표달성을 지향하기 때문에 개인의 이해보다 과제의 해결을 우선하고 있어 경영환경 변화에 적응성이 높은 조직이다. 조직은 과제에 필요한 인력을 차출하여 필요한 기간만 운영하고 다시 현업 부서로 복귀하는 동태적인 조직이다.

(4) 사업부단위조직

기업의 규모가 커지면 대표자가 모든 의사결정을 할 수 없기 때문에 사업부제로 조직을 구성하고 책임과 권한을 단위조직 장(長)에게 확실히 위임하는 분권적 조직이다. 사업부를 중심으로 책임경영을 하도록 하며 각 사업부단위의 책임자는 자기 사업부를 하나의 독립된 사업체로 인식하여 경영하게 되므로 각 사업부의 구성원이 자기 사업부를 위해 더 많은 노력을 기울인다.

2. 집권적 조직과 분권적 조직

스타트업 기업과 같이 조직의 권한이 상위계층에 집중되는 집권적 조직과 권한이 하위조직에 위임되는 분권적 조직의 특성은 다르다. 다만 분권적 조직이 집권적 조직에 비해 효율성과 경쟁우위가 있는 조직으로서 경쟁력을 갖는다.

(1) 집권적 조직

❶ **장점**: 일관된 정책과 방침을 유지할 수 있고 대표자의 지식과 경험, 네트워크를 이용할 수 있다.

❷ **단점**: 대표자의 독재성이 강하고 의존성 증대로 하위 계층의 창의력 개발이 어려우며 의사결정의 신속성이 결여된다.

(2) 분권적 조직

❶ **장점**: 의사결정이 신속하게 이루어지며 직원들의 사기를 진작시킬 수 있고 유능한 관리자를 양성할 수 있다.

❷ **단점**: 부서 간의 이해 대립이 있을 수 있으며 공동비용의 발생으로 비용증가의 가능성이 있다.

3. 효율적인 조직의 새로운 경향

조직을 만들고 운영하는 데 있어서 비용을 절감하고 성과를 높이며 직원들의 참여도를 높이기 위한 다각적인 방법이 모색되고 있다.

(1) 명령단계의 축소

조직의 수직적인 위계단계에서 관리상 불필요한 단계를 제거하면 명령단계가 축소되어 보다 능률적인 조직을 만들 수 있다. 가능한 권한과 책임을 위임하는 조직을 통해 신속한 의사결정과 업무수행을 효율적으로 운영한다.

(2) 스텝부문의 축소

스텝의 원래 기능은 라인조직에 조언을 하는 것인데 당초 의도와 달리 많은 조직에서 스텝의 조언으로 인해 얻는 효과와 이익보다 관리상 비용이 더 큰 것으로 나타나고 있다. 또한 스텝과 라인의 갈등이 종종 발생하기도 한다. 본사 인력을 줄이고 현장 인력을 늘리는 경우가 이러한 것이다.

(3) 분권화와 집권화 동시 진행

분권화와 집권화는 상충되는 것이지만 현실적으로는 동시에 진행되고 있다.

분권화는 의사결정 권한 및 책임을 하부로 위임하는 경향이 확산됨에 따라 필연적으로 발생하고 있으며, 정보시스템, IT 기술의 발달로 집권화의 관리통제도 동시에 일어나고 있다.

(4) 조직 간 경쟁과 협력 추구

기업의 각 부서, 예컨대 사업부 단위로 실적과 성과를 평가하여 보상을 하는 것이 일반화되고 있다. 성과를 극대화하고자 하는 평가보상시스템은 부서 간의 지나친 경쟁과 시기심을 유발하기도 하지만 부서 간에 적절한 협조를 이룬다면 경쟁과 동시에 균형 잡힌 조직을 만들어 나갈 수 있다.

3. 스마트한 조직 만들기

조직이란 공동의 목표를 위하여 구성된 하나의 단위이다. 소규모 회사는 그 자체가 하나의 팀이 될 수 있으며, 규모가 되는 기업은 그룹화된 크고 작은 팀이 각각의 업무를 수행한다. 기업은 이런 각각의 조직들이 서로 시너지를 내고 협력할 때 기업의 목표를 달성할 수 있다. 스타트업 기업의 대표는 이런 살아 있는 유기적인 조직을 만들고 싶어 할 것이다.

1. 심리적 안정감의 조직

심리적으로 안정감이 있는 조직에서 근무하는 사람들은 스스럼없이 아이디어를 제시하고 질문을 하며 우려를 표현할 수 있다.

(1) 제 목소리를 낸다

심리적으로 안정된 환경에서는 자신에게 불리하고 무안한 사실을 공개할 때라도 상대방의 반응에 신경을 덜 쓰게 된다.

(2) 생산적이 된다

두려움에 휩싸인 뇌는 탐색, 설계(디자인), 분석 등의 활동을 충분히 수행하지 못한다. 심리적 안정감은 스스로를 표현하게 하고 생산적인 토론을 가능하게 하며 갈등을 효과적으로 처리할 수 있게 한다.

(3) 실패를 인정하고 혁신해 나간다

심리적으로 안정된 환경에서는 자신의 오류를 인정하고 그에 대해 논의할 수 있다. 의견을 나누는 것에 대한 두려움이 없다면 새로운 아이디어와 가능성을 제안하게 되고 그것이 제품이나 서비스의 혁신으로 이어질 수 있다.

(4) 책임감이 증가한다

심리적 안정감은 관대한 분위기를 만들기보다는 도전적인 목표를 달성하는 것을 더 선호하게 이끌며 자기 보호보다 자신의 목표를 이루는 데 좀 더 집중할 수 있다.

2. 심리적 안정감을 조성하는 방법

조직의 심리적 안정감과 환경을 조성하기 위해서는 다음과 같은 노력을 기울여야 하며 조직의 문화는 단기적보다는 장기간에 걸친 문화적인 산물이 중요하다.

(1) 쉽게 다가갈 수 있는 사람이 되라

쉽게 다가갈 수 있고 겉돌지 않으며 직접 참여하여 함께 배우고 직원(팀원)들을 칭찬하고 독려한다.

(2) 자신에게 한계가 있다는 것을 인정하라

대표나 리더가 본인의 한계를 인정함으로써 직원들의 실수를 어느 정도는 용납한다는 것을 보이며, 자신이 알지 못하는 부분을 인정하면 팀원들은 더 적극적으로 참여하게 된다.

(3) 직접적으로 말하고 참여를 유도하라

직접적이고 행동으로 옮길 수 있는 어투를 사용하면 직설적이고 생산적인 토론을 할 수 있다. 대표나 리더가 자신의 의견을 존중하고 인정한다는 것을 알게 되면 직원들은 더 적극적으로 나서게 된다.

(4) 경계를 정하고 책임을 물어라

대표나 리더가 무엇을 정하고 그것을 용납하고 무엇을 할 수 없는지 분명한 선을 그어라. 그럴 때 직원들은 경계가 모호하거나 예측하지 못하는 상황이 생겼을 때 안심하게 된다. 만약 누군가가 사전에 합의한 경계를 넘거나 기준을 무시하면 공정하고 일관된 방식으로 책임을 추궁하라.

3. 근무환경에 존재하는 대인관계 리스크

빈도의 차이 그리고 눈에 보이던, 보이지 않던 차이만 있을 뿐 대부분의 사람은 끊임없는 평가를 받고 있다. 다음은 직원들이 제 목소리를 내려는 의지를 꺾기 때문에 조직에 이런 일들이 발생되지 않도록 하여야 한다.

(1) 무지하다는 인식

질문을 하거나 정보를 구하면 무지하다는 취급을 받을 수 있다. 질문을 하는 사람이 없다는 것은 이미 모두가 그 정보를 알고 있다는 것을 의미하기 때문에 혼자만 바보처럼 질문하게 되는 것을 주저하게 만든다.

(2) 무능하다는 인식

실수를 인정하거나 도움을 청하고 실패할 가능성이 큰 일을 시도한다면 무능하다는 취급을 받을 수 있다. 만일 자신이 시도한 것이 뜻대로 되지 않았음을 인정한다면 자신이 무능하거나 그 일을 수행하기가 적합하지 않은 사람이라는 신호를 동료에게 보낸다.

(3) 부정적이라는 인식

사람들은 부정적인 생각을 한다고 취급받기 싫기 때문에 대부분 부정적인 평가를 하지 않는다. 특히 상대의 성과를 비평하는 것은 동료에게 함께 일하기 힘든 사람이라는 믿음을 줄 수 있다.

(4) 물의를 빚는다는 인식

물의를 빚거나 다른 사람의 시간을 뺏는 것을 두려워 해 피드백을 구하거나 도움을 청하는 것을 피한다. 부정적인 말을 듣기를 꺼려서 그런 경우도 있지만 다른 사람에게 피해를 주거나 스스로 일을 해낼 수 없는 사람으로 보이기 싫어서 그렇다.

4. 조직의 의사결정 훈련

(1) 합리적 의사결정의 특징

조직단위의 의사결정의 순간에 각기 다른 성향과 특징을 나타나게 된다. 의사결정의 유형별 특징을 통해 조직과 개인의 의사결정 과정에서 지혜롭고 신중한 자기관리를 할 수 있다.

〈표 6-2〉 조직단위 의사결정의 유형별 특징

유 형	유형별 주요 특징
합리적 유형	의사결정을 전체적이고 종합적인 시각에서 볼 수 있다. 조직의 상황에 대한 정확한 정보를 수집하고 종합적으로 결정을 내리고 그 결정에 대해 책임을 진다. ① 의사결정이 신중하고 합리적이다. ② 심리적 독립과 성장에 도움이 된다. ③ 잘못되거나 실패할 확률이 낮다. ④ 의사결정에 시간이 걸린다.
직관적 유형	미래를 별로 고려하지 않고 현재의 감정에 주의를 기울인다. 정보 탐색이나 논리적인 평가 없이 상상과 정서적 생각에 근거해서 결정을 내리지만 그 결정에 대해서는 책임을 진다. ① 의사결정이 즉흥적이고 감정적이다. ② 스스로의 선택에 책임을 진다. ③ 잘못되거나 실패할 확률이 높다. ④ 의사결정이 신속하고 빠르다.
의존적 유형	사회적 안정에 대한 욕구가 강하고 의사결정 상황이 여러 가지에 제한 받는다고 생각한다. 의사결정 과정에서 대표자나 부서장에 의한 영향을 많이 받고 결정에 대한 책임을 부정한다. ① 의사결정이 수동적이고 순종적이다. ② 개인적 독립이나 성숙을 방해한다. ③ 실패했을 땐 남의 탓을 한다. ④ 결정을 내릴 때 정서적으로 불안을 느낀다.

(2) 합리적 의사결정을 위한 진단 질문법

〈표 6-3〉 5W 1H 질문법

5W 1H	질문 형태	체크 포인트
Why	이 일을 왜 하는가? (목적)	그것을 중지할 수 없는가? 일부를 변경하면 어떨까?
When	언제 할 것인가? (시기, 시간)	시기를 바꿀 수 없는가? 동시에 할 수 없는가?
Who	조직에서 누가 하는가? (사람, 부서)	사람을 바꿀 수 없는가? 그 사람이 추가로 담당하면 어떨까?
Where	어디서 할 것인가? (장소)	장소를 바꿀 수 없는가? 같은 자리에서 할 수 없는가?
What	무엇을 할 것인가? (대상)	그것이 아니면 안 되는가? 모양을 변경할 수 없는가?
How	어떻게 하는가? (방법)	다른 방법은 없는가? 더 축소(연장)할 수 없는가?

Chapter

07

마케팅과 고객관리

1. 마케팅 따라잡기

1. 마케팅의 정의

마케팅이란 고객을 다루고 있다는 점에서 다른 어떤 경영기능보다 중요하다. 마케팅은 '수익성을 가진 고객을 관리하는 과정'으로 함축적으로 정의될 수 있으며, 마케팅의 두 가지 목표는 탁월한 가치를 제공하고 신규고객을 유인하는 것과 만족을 제공하여 기존고객을 키워나가는 것이다. 결국 마케팅을 정의하면 '고객가치를 창출하고 그 대가로 높은 시장성과를 실현하는 과정'이라고 할 것이다. 다음은 잘 알려진 기업의 마케팅을 정의한 사례이다.

(1) 맥도날드

패스트푸드 전문점 맥도날드는 전 세계에 걸쳐 그 나라 국민들이 좋아하는 장소이면서 그들의 식사방식의 하나가 됨으로써 광고에서 주장하는 'I am lovin' it'

을 실현한다. 그 결과로 동일 업종의 주요 경쟁사 3사를 합친 것보다 더 많은 점유율을 차지하고 있다.

(2) 월마트

세계적 소매유통업체인 월마트는 '돈도 절약하면서 더 나은 삶을 사세요(Save Money, Live Better)'라는 약속을 실행에 옮김으로써 세계에서 가장 큰 소매기업, 나아가 세계에서 가장 큰 기업이 되었다. 항상 저가의 질 좋은 상품을 제공하겠다는 약속을 고객에게 실제로 전달함으로써 세계에서 가장 큰 소매기업이 된 것이다.

(3) 디즈니랜드

세계적 놀이공원인 Disney 테마파크는 오늘 바로 꿈을 실현해 주겠다는 약속을 실천하여 성공을 이루었다. 성공한 우량 기업들은 고객에게 신경을 쓰면 자연스럽게 높은 점유율과 이익이 따라온다는 것을 안다.

우리는 마케팅에 대해 많은 것을 알고 있고 실제로 우리는 일상생활에서 마케팅에 에워싸여 있다. 근처 쇼핑몰에서 마케팅의 결과물인 많은 제품들을 볼 수 있으며, 인터넷을 가득 채우는 광고물을 보면서 수많은 마케팅을 보고 있고 느끼고 있는 것이다. 그러나 마케팅은 고객들의 시야에 우연적으로 들어오는 것 이상의 의미를 갖는다. 우리의 눈을 사로잡는 것의 이면에는 우리의 구매를 끌어내기 위해 서로 경쟁하는 기업과 사람들의 대규모 네트워크가 존재한다.

2. 마케팅 과정

일반적인 마케팅의 과정은 5단계로 구분하는데 1~4단계를 통해 기업은 고객을 이해하고, 고객 가치를 창출하고, 그리고 강력한 고객관계를 구축하기 위해 노력한다. 마지막 단계에서 기업은 탁월한 고객가치를 창출한 대가로 보상(높은 매출과 이익증대, 브랜드 충성도 제고 등)을 받게 된다.

즉, 고객을 위한 가치창출을 통해 기업은 그 대가로 고객들로부터 가치의 일부를 보상받게 되는데, 이는 높은 매출과 이익, 그리고 장기적 고객자산의 형태를 보여준다.

3. 경영철학과 마케팅

기업과 고객의 교환과정을 마케팅의 본질이라고 본다면, 이러한 마케팅 노력의 지침이 되는 기업의 경영철학은 기업의 중요한 핵심이 된다. 기업의 경영철학은 마케팅 환경의 변화에 따라 다른 형태를 띠게 되었다. 기업의 경영철학은 크게 생산개념과 마케팅으로 구분된다.

(1) 생산개념

1960~70년대에는 소득수준이 낮아 고객의 구매력이 낮고 제품원가가 높아 기업에서는 생산개념을 도입하여 대량생산과 생산성 향상을 통한 원가절감에 경영의 초점을 두었다.

1980년대 이후에는 고객들의 소득수준이 높아지고 욕구가 다양화됨에 따라 기업 간 경쟁이 심화되었다. 이런 환경변화에 따라 기업들은 마케팅 콘셉트를 도입하여 새로운 경영철학으로 삼게 되었다.

(2) 마케팅

마케팅은 고객의 욕구를 먼저 파악하고 이를 경쟁사보다 효과적으로 만족시킬 수 있도록 기업의 여러 활동을 마케팅중심으로 통합하는 것이다. 이러한 마케팅 콘셉트의 도입이 확대됨에 따라 기업들도 마케팅활동에 커다란 변화가 일어났다.

① 고객욕구에 대한 정보를 획득하기 위하여 고객에 대한 조사와 분석이 활발해 지고, 다양화되고 있다. 특히 요즘은 '빅데이터'라는 말을 쓰기 시작했으며 대학에서도 '빅데이터' 학과를 설치하는 등 고객욕구 분석에 대한 다양한 시도가 일어나고 있다.

② 고객의 욕구가 다양화됨에 따라 모든 고객들을 동시에 만족시키는 것이 어렵게 되었다. 이에 따라 시장을 세분화하여 각각의 욕구를 충족하는 다양한 제품들을 개발하게 되었다.

③ 마케팅 콘셉트의 도입에 따라 고객의 취향에 맞는 다양한 매체와 광고대행사가 등장하게 되었고 새로운 유통업태가 출현하게 되었다.

2. 마케팅 전략과 경영

마케팅 전략, 즉 노하우의 핵심은 STP 이다. STP는 고객을 세분화(Segmentation)하고, 세분화된 고객들 중에서 목표고객을 설정하고(Targeting), 목표고객의 마음에 자리 잡는(Positioning)하는 것이다. 기억 되지 못하는 상품은 선택될 수 없고 선택되지 못하면 사라지기 때문에 선택과 집중을 통해 고객의 마음속에 진입하여야 하는 전략이 STP이다.

1. 쪼개야 한다 - 세분화(Segmentation)

나뭇가지 여럿을 뭉쳐 한꺼번에 부러뜨리기는 힘들지만 하나씩 흩어 놓으면 부러뜨리기가 쉽다. 이처럼 하나씩 흩어 놓는 세분화는 쪼개 놓아야 구멍이 어디에 있는지, 어디를 공략해야 할지 윤곽을 잘 파악할 수 있기 때문이다.

고객을 세분화할 때 기준을 무엇으로 하고 어느 단계까지 세분화 할 것인가는 시장 상황과 기업의 전략에 따라 결정할 수 있다.

〈표 7–1〉 음료 시장의 세분화

Point	고객층	심리요인	관련 상표
갈증, 흡수력	운동선수	갈증해소, 운동전,후	게토레이
건강음료	중・장년	보수적, 건강관리	영비천
시원함, 맛	젊은층	자기중심적, 감각적	탄산음료
다이어트	여성층	다이어트, 체중관리	Fatdown
기호음료	커피매니아	커피선호, 분위기	카페라떼
숙취해소	남성층	스트레스, 건강	컨디션

2. 한 놈만 때린다 - 타게팅(Targeting)

'뭉치면 살고 흩어지면 죽는다'라는 말이 있다. 마케팅에서는 자원을 한 곳으로 집중할 때 효과가 크다. 스타트업 기업의 경우 자원이 한정되어 있기 때문에 상대할 대상들을 나열하여 그 가운데 적당한 놈을 하나 잡아 그 놈만 때리는 것이다.

결국 타게팅(표적화)이란 표적시장을 결정하는 것을 말한다.

자동차 산업의 경우 소형차, 중형차, 대형차, 스포츠카, 승합차 등 각 시장의 세분화가 명확한 산업이며, 존슨 앤 존슨의 경우도 초기 유아 계층을 목표 대상으로 선정하여 순하고 부드러움의 속성으로 성공한 사례이다. 나중에는 청소년과 연약한 피부를 가진 성인층으로까지 목표고객의 범위를 확대함으로써 성공적인 영역 확장을 이루었다.

3. 마음속에 자리잡기 - 포지셔닝(Positioning)

마케팅에서 가장 중요하면서도 어려운 용어 가운데 하나가 포지셔닝이다. 포지션(Position)이란 자사와 경쟁사의 상품이 어디에 어느 정도 차이 나게 존재하고 있는지를 나타내는 것이다. 포지션은 위치를 나타내는 말이므로 경쟁사와의 위치를 나타내 주면 포지셔닝을 하기가 쉽다.

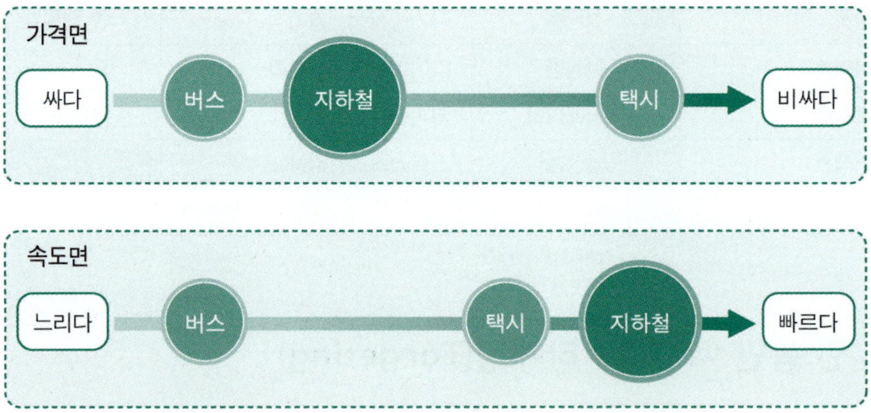

〈애니콜 사례〉
삼성전자 애니콜의 전반기 포지셔닝은 '한국 지형에 강하다'였다. 산악 지대가 많은 우리나라에서는 애니콜의 통화품질이 가장 우수하다는 점을 들었던 것이다.
시간이 지남에 따라 휴대폰의 기능이 음악, 동영상 등 즐기는 제품으로 인식되면서 '내 손안의 더 큰 세상', 그리고 'Digital Exciting'으로 바뀌었고, 향후 포지셔닝은 또 다시 진화하게 될 것이다. 포지셔닝은 상품의 전략적 방향성을 갖고 있다.

4. 마케팅의 뉴 패러다임

최근 마케팅의 새로운 경향은 다양하게 구축된 고객의 정보 등을 활용한 시스템 마케팅이 확산되고 있고, 업태 간의 경계가 사라지고 있으며, 유통경로 혹은 점포(Off-line)에서 판다는 고정관념이 급속도로 무너지고 있는 등 인터넷, 모바일, SNS의 마케팅 기법이 빠르게 전개되고 있다. 스타트업 기업의 경우에는 초기 마케팅 비용이 많지 않으므로 저비용으로 다양하게 전개할 수 있는 모바일, SNS 등을 우선적으로 활용해 보는 것도 좋다.

(1) DB 마케팅

DB 마케팅(Data-base Marketing)은 고객과의 관계를 구축하기 위한 유용한 정보를 구축하여 정보를 활용한 마케팅을 하는 것으로 가장 기본적인 마케팅 방법이다. 미국의 항공회사는 DB 마케팅을 잘 활용하여 출발 전에 탑승한 고객에 대한 자료를 파악, 승무원에게 자료를 주면 승무원은 고객이 좋아하는 와인, 음식, 취미까지 고려해 감동을 주는 것이다.

이는 더 많은 판매기회를 창출하고자 하기 때문에 보다 자세한 정보의 입수가 중요하며, 「개인정보호법」의 적용에 따라 반드시 고객의 동의를 얻는 것이 매우 중요하다.

(2) 인터넷, 모바일 마케팅

인터넷 마케팅(Internet Marketing)은 인터넷을 통하여 상품을 사고파는 마케팅을 말하며, 모바일 마케팅(Mobile Marketing)은 주로 휴대전화를 통하여 상품을 구매하는 마케팅을 말한다. 인터넷 마케팅은 홈페이지의 디스플레이 광고(배너 광고), 동영상 광고, e-mail, 블로그(Blog) 등 다양한 방법을 활용한다. 이중 e-mail이나 블로그 마케팅은 적은 비용으로 다수에게 동시에, 지속적으로 마케팅을 전개할 수 있는 유용한 방법이다.

2007년부터 본격적으로 도입하기 시작한 블로그(Blog) 마케팅은 블로그에 정보를 담아 광고를 하는 마케팅 기법이다. 고객들이 입력한 키워드에 의해 검색된 결과로 보여주기 때문에 광고라기보다는 정보라는 인식을 갖게 되는 장점이 있다.

(3) SNS 마케팅

SNS 마케팅(Social Network Service Marketing)은 소셜 미디어를 활용하여 전개하는 마케팅이다. 정보통신 기술과 기기가 발달하면서 SNS도 큰 힘을 발휘하고 있다. SNS는 주로 페이스북이나 트위터, 라인 같은 것인데 블로그도 넓은 의미의 SNS로 보기도 한다. 2014년 기준 전 세계 SNS 이용자는 18억 명 정도로 추산되는데, 이들은 상품뿐만 아니라 기업과의 관계, 양방향 소통을 통해 더욱 만족감을 보여주고 있다.

(4) 드러그 스토어(Drug store)

드러그 스토어는 편의점과 약국, 화장품 매장을 하나로 합친 것이다. CJ가 운영하는 드러그 스토어 '올리브영'은 병원 처방전에 따라 전문 의약품을 구입할 수 있을 뿐만 아니라 건강식품도 살 수 있고 일반 잡화도 살 수 있다. 현재 올리브영이 취급하고 있는 품목은 의약품, 건강식품, 의료용구, 화장품, 미용용품, 의료용품 등 다양한 제품을 판매하고 있다. 특히 화장품과 미용용품이 차지하는 비중은 50% 이상으로 기존 화장품 전문점과 약국을 위협함과 동시에 편의점을 대체하기도 한다.

(5) 빅데이터 마케팅

빅데이터 마케팅(Big Data Marketing)은 많은 양의 정보 즉 빅데이터 분석을 통해 고객의 소비패턴과 선호도, 정보 등을 분석하여 구매할 가능성이 높은 고객에게 맞춤형 혜택을 제공하는 것을 말한다. 최근에는 금융, 유통, 의료, 통신 등 무형의 서비스를 제공하는 형태로까지 확대되고 있으며 많은 관심을 갖고 있는 마케팅 기법이다.

3. 고객관리 따라잡기

고객관리의 핵심은 기업의 수익을 극대화하고 지속적인 성장을 촉진하고자 하는 경영활동의 중요한 요소이다. 고객과의 지속적인 관계유지를 위한 고객과의 관계(로열티) 형성이 중요한데, 이는 경영의 최종 목적이자 지향점이다.

1. 고객중심 기업의 가치관

대표자(리더)는 기업에서 움직이는 로고(회사 상표)와 같다. 대표자의 행동 하나하나가 직원들에게 영향을 끼치기 때문이다. 세계 최대의 유통업체인 월마트의 창업자 샘 월튼은 수시로 매장을 돌아다니며 직원들과 담소를 나누는데 그가 전하는 메시지는 항상 똑같았다. 그는 시장점유율이나 매출실적, 규칙 등을 들먹이지 않고 이렇게 말했다.

"우리 모두는 고객 가치를 만들어 내기 위하여 이곳에 모여 있습니다. 여러분은 자신이 하는 일에 자랑스러워할 자격이 충분히 있습니다." 월튼은 현장에서 항상 고객을 중요시 하는 가치관을 강조하여 조직의 기업문화로 만든 것이다.

(1) 대표의 가치관

대표자 자신부터 고객 중심적 가치관을 확고히 하는 것이 중요하다. 그런 다음 직원들이 가치관을 알 이해하고 있는지를 진단한다. 대표자의 가치관을 중심으로 기업의 가치관을 수립하는 연계성을 갖고 기업을 경영하는 것이 바람직하다.

(2) 반복적 메시지 전달과 교육

고객만족경영은 '기업의 대표자가 중요하게 생각하는 고객중심의 가치를 직원들도 똑같이 중요하게 생각하도록 하는 경영'이라고 할 수 있다. 그러면 기업의 정체성이 뚜렷해지고 경영목표가 분명해지는 효과를 얻게 된다. 여기엔 여러 경로를 통한 번복적인 교육과 마인드 정립이 필요하다.

(3) 구체적 언어로 소통

대표자는 회사의 비전과 핵심가치를 설정하고 그것을 달성하기 위한 전략을 수립하지만, 현장의 직원들은 이를 실천하기 위해 구체적으로 무엇을 해야 하는지 모른다. 구체적인 언어로 말해야 이해되고 행동으로 옮겨질 가능성이 높아진다. 예를 들면 '사무실에서 불조심 하라'보다는 '사무실에서 온열기 사용을 금지하라'가 구체적이다.

(4) 가치관과 연계한 피드백

피드백이란 상사가 직원을 거울처럼 비춰주는 것이다. 잘한 일에는 칭찬을, 즉 '지지적 피드백'을 하고, 잘못한 일에는 '발전적 피드백'을 해 줘야 한다. 이때 핵심가치와 연계해서 직원의 행동과 성과를 피드백 해 주는 것이 좋다.

(5) 직원에 대한 성과 보상

직원들이 기업의 비전과 핵심가치 실천에 동참했을 때 어떤 이익을 기대할 수 있는지를 분명히 제시하는 것이다. 직원들이 불만을 갖는 가장 큰 이유 중 하나는 '내가 고생하고 노력한 만큼 인정을 받지 못한다'는 것이다. 대표자는 직원들이 얻게 되는 이익이 무엇인지도 명확히 알려 주어야 한다.

2. 고객을 만족시키는 노하우

(1) 고객이 필요로 하는 욕구를 충족시켜야 한다

기업은 고객의 태도에 대처해야 하며 고객이 원하는 실질적인 혜택과 욕구를 충족시켜야 한다. 즉, 고객의 관점에서 꼭 필요한 고객이 원하는 각자의 상황이나 욕구에 따라 충족시킬 수 있는 상품이나 서비스를 개발, 전달하여야 한다.

(2) 고객이 스스로 판단하고 결정하도록 한다

고객이 원하는 욕구를 충족할 뿐만 아니라 편리하게 의사결정을 내릴 수 있도록 상품의 특징과 독특한 콘텐츠를 제공해 주어야 한다. 고객은 기업이 제공하는 정보들을 비교하고 판단하여 자신의 구매나 의사결정이 옳다는 경정을 내리려고 하기 때문이다. 따라서 직원들에 대한 지속적인 교육과 전문성이 중요하다.

(3) 고객을 존중하고 구매 욕구를 유발해야 한다

고객을 상대로 수익을 창출하기 위해서는 고객에 대한 감사나 존중의 표시는 물론 이들 고객이 반복 구매나 계속적인 방문이 이루어지도록 고객과의 관계 마케팅이 필요하다. SNS나 사후 만족도를 확인하는 과정도 중요한 요소이다.

(4) 고객을 개별화하고 차별화한다

고객들은 모두 성향이나 가치관이나 구매욕구가 다르다. 고객들을 개별화라고, 차별화하여 그룹을 나눈 다음 각각의 취향이나 우형에 따라 분리하여 관리한다. 고객들 개개인에 적합한 차별화된 마케팅과 프로모션을 전개하는 것이 좋다. 우량고객은 기업에 많은 수익을 가져다주지만 일부에 지나치므로 적극적이며 특별한 관리가 필요하다.

3. 숨어 있는 고객관리 노하우

(1) 고객에게 선택의 권리를 제공하라

어느 마을에 라면을 파는 가게가 나란히 붙어 있다. 라면의 맛과 서비스는 비슷했는데 이상하게 한 가게가 고객이 항상 많았다. 오른쪽 가게는 고객이 들어오면 직원이 "계란을 넣을 까요?"라고 물었고, 왼쪽 가게는 고객이 들어오면 직원이 "계란을 하나 넣을까요? 두 개 넣을까요?" 라고 물었다. 계란을 선택하는 순간에도 고객에게 즐거움을 주어야 한다.

(2) 고객에게 즐거움을 제공하라

고객들이 물건을 사는 데는 두 가지 심리요소가 있는데, 그것은 '실용적' 요소와 '쾌락적' 요소이다. 우리가 멋진 레스토랑에 가는 이유는 단순히 허기를 채우기 위해서라기보다는 연인과 즐거움을 보내고 레스토랑의 멋진 인테리어를 보기 위해 기꺼이 비싼 가격을 지불하는 것이다. 라면으로 점심을 먹고 그보다 비싼 스타벅스 커피를 마시는 것이 이런 경우이다.

(3) 고객의 생각을 파악하라

식사를 하고 있는데 갑자기 파리가 국물에 들어갔다. 고객이 식당 주인에게 항의를 하는데 주인은 "파리가 날아다니다 들어간 거니까 우리 잘못이 아니에요" 라고 말한다. 물론 음식에 파리가 들어간 건 주인의 잘못이 아니지만 고객은 바꾸어 달라는 생각을 갖고 있는 것이다. 그러한 경우에도 새 음식으로 바꾸어주면 고객은 그 식당을 계속 찾는 충성고객이 될 것이다. 여기에 이런 여유를 보이면 더 좋을 것이다. "파리도 너무 맛있어서 들어갔나 봅니다."

(4) 고객의 시간을 뺏어라

엘리베이터를 개발한 '오티스' 기업은 빌딩들이 건축되면서 매출이 급상승했다. 그런데 매출이 늘어남과 동시에 초고층이 생기면서 엘리베이터 속도에 대한 불만들이 폭주하기 시작하였다. 고층까지 운행되는 시간에 고객들이 짜증을 내기 시작한 것이다. 그런데 어느 한 초고층 빌딩은 불만이 접수되지 않았다. 그 빌딩엔 건물관리인이 엘리베이터 안에 대형 거울을 붙여 놓은 것이었다. 고객들은 자신의 모습을 바라보며 신경 쓰느라 시간 가는 줄을 몰랐던 것이다.

(5) 고객에게 사랑의 감정을 심어라

정크 푸드의 대명사인 맥도날드가 전 세계의 고객으로부터 꾸준히 선택받는 이유는 무엇일까? 바로 고객의 사랑 때문이다. 맥도날드는 곳곳에 매장을 두어 고객이 쉽게 찾을 수 있게 하고 적극적인 광고를 통해 브랜드에 대한 친근감을 극대화한다. 피키 드러커는 "10초 안에 고객이 우리 제품을 선택해야 하는 이유를 이야기할 수 있어야 한다"고 말했다.

4. 고객만족 서비스 교육방법

최전방에서 근무하는 병사는 프로다. 말 그대로 총도 잘 쏘고 달리기도 잘 한다. 만약 총도 제대로 못 쏘고 체력이 약하다면 최전방에 배치될 수 없을 것이다. 이들은 배치되기 전에 철저하게 훈련을 받는다.

(1) 신입사원 교육

① 신입사원 각자마다 별도의 책임자를 임명한다.
② 서비스는 연습이 아니라 실전이다.
③ 처음에 고객만족 마인드를 잘못 이해하면 이를 개선하는 데 오래 걸린다.

(2) 정기적인 교육의 효과

① 기본교육인 인사를 잘한다. 인사만 잘 해도 고객은 무척 좋아한다.
② 서비스 교육은 반복적으로 해야 효과가 있다.
③ 직원들의 기본 교육이 잘 되어 있으면 매출이 올라간다.
④ 교육을 하지 않으면 직원들이 나태해질 수 있다.

(3) 친절 띠 효과

① 띠를 두르면 번거롭지만 고객에게 친절하다는 메시지를 전달할 수 있다.
② 말로 하는 것보다 직접 몸으로 보여주는 것이 고객만족 실천이다.
③ 띠를 두르면 직원들이 고객들에게 함부로 대하지 않는다.
④ 매장마다 직원들의 친절교육 수료증을 걸어 놓으면 효과가 있다.

(4) 사무실 조회

① 매일 아침 조회를 실시한다. 고객만족에 대해 강조한다.

② 매일 돌아가면서 사원들을 칭찬한다. 칭찬 릴레이는 사원들이 선정하도록 한다.

③ 매일 회사가 정한 고객만족 경영문을 낭독한다.

생각해 봅시다

마케팅과 고객의 의사결정

고객들이 상품을 결정하거나 구입하는 의사결정에는 고객의 욕구와 심리에 많은 영향을 미치는 변수들이 복잡하게 얽혀져 있다. 이러한 고객의 욕구를 분석하고 이에 맞는 마케팅이 접목될 때 기업의 생산성은 높아지고 이익은 극대화될 수 있다.

사례 ❶

S건설회사의 마케팅부서에 근무하는 김부장의 아내는 최근 TV 화질이 선명하지 않다는 생각을 하고 있었는데 마침 삼성 Curved UHD TV 광고가 나오자 TV를 새로 구입해야겠다는 생각이 들었다.

사례 ❷

TV를 사고 돌아오는 길에 7년간 타던 소나타 승용차가 문제를 일으켜 김부장은 긴급히 차를 A/S센터에 맡기고 집으로 오면서 아무래도 새 차를 구입하여야 겠다는 생각을 하였다. 다음날 출근길에 직장동료 박부장의 그랜저를 함께 타고 가면서 그랜저에 대해 자세히 물어 보았다. 처음부터 현대차를 애용해 온 박부장은 가격과 품질 면에서 그랜저만한 차가 없다고 그랜저를 권유하였다.

사례 ❸

흰 소복을 차려입은 묘령의 여인이 긴 생머리를 풀어헤치고 나무 위에 앉아 있다. 언뜻 무서울 수 있지만 머리에 꽂은 커다란 여우 귀와 특유의 애교로 지나치는 관람객들의 시선을 붙잡는다. 이 여인의 정체는 한국민속촌의 구미호 알바생이다. 민속촌에 다녀온 남자 관람객이 "구미호에게 홀려 버렸다"라고 후기를 남기며 입소문을 타기 시작했다.

사례 ❹

직장인 이모씨(35)는 퇴근 뒤 잠들기 전까지 스마트폰에 빠져 드는 것이 보통이다. 특히 남편과 함께 침대에 누워서도 2시간 정도 각자 뉴스검색, 주식시장 점검, 페이스북을 즐긴다. 그러다가 바로 옆에 있는 남편에게 카카오톡을 보낸다. 그리고 인터넷 쇼핑앱에 들어가 주말에 필요한 물건을 주문한다.

1. 사례별로 고객들의 마음을 뺏은 마케팅 방법과 이유는 무엇일까?

2. 사례별로 새로운 마케팅 방법에는 어떠한 것이 있을까?

Chapter

08

세무전략과 절세

1. 스타트업 기업의 세무전략

1. 개인기업과 법인기업

사업을 하려고 할 때 가장 먼저 부딪히는 문제가 개인기업(개인사업자)으로 할 것인가? 법인기업(법인사업자)으로 할 것인가? 이다. 먼저 개인기업으로 운영하다가 규모가 커지면 법인기업으로 전환할 수도 있겠지만 운영 중인 개인기업을 법인기업으로 전환하는 것은 번거로울 수 있다.

한마디로 '개인기업이 낫다. 법인기업이 낫다'라고 말하기는 어렵지만 개인기업에서 법인기업으로 전환하는 이유는 바로 세금의 절약이다. 매출이 늘어나고 규모가 커지면 개인기업의 경우 매우 높은 세율을 적용 받아 적지 않은 세금을 내는 반면 법인사업자로 전환할 경우 법인세 적용을 받으면 세금이 대폭 줄어들 수 있기 때문이다.

특히 스타트업 기업의 경우는 처음 시작한다는 장점을 갖고 있으므로 개인기업과 법인기업의 장·단점을 잘 비교하여 자신이 하고자 하는 사업에 적합한 기업형태를 선택해야 한다. 개인사업자로 회사를 운영 중 세금납부 소득구간이 1억 원이 초과될 경우 법인사업자로의 적극적 전환이 필요하다.

(1) 개인기업과 법인기업의 일반적 비교

구 분	개인기업(개인사업자)	법인기업(법인사업자)
설립절차	복잡한 설립등기 필요 없이 사업자 등록만으로 사업을 개시할 수 있어 편리하다.	원칙적으로 자본금과 1인 이상의 인원이 필요하고 주식회사의 설립 등기에 의해 설립이 가능하므로 번거롭다.
세금부담	6~38%까지의 5단계 초과 누진세율로서 소득이 많은 경우에는 소득세 부담이 크다.	소득이 많은 경우 소득세보다 법인세가 훨신 적다.
이익금 사용	기업이익금 및 기업자금의 개인적인 사용이 자유롭고 불이익이 없다.	대표자가 기업이익금과 기업자금을 개인용도로 사용할 수 없고 자금운용상의 제한이 있다.
책임 소재	대표자는 기업채무에 대해 무한책임을 진다.	대표자는 회사경영과 관련하여 일정한 유한 책임을 진다.
사업 양도세금	사업을 양도하면 양도된 영업권과 회사자산에 대해 양도소득세가 부과된다.	주식양도의 방법으로 사업이 양도되며 원칙적으로 낮은 세율의 양도소득세가 부과된다.

(2) 개인기업과 법인기업의 장·단점 비교

구 분	개인기업(개인사업자)	법인기업(법인사업자)
장점	• 이윤의 독립성 • 창업이 용이 • 경영활동의 자유와 신속성 • 기밀의 유지성 • 신용상태의 밀집성 • 유리한 대인접촉	• 주주의 유한책임 • 자본의 증권화(상장) • 대외신용도 유리 • 소유와 경영의 분리 • 자본조달 용이 • 절세효과 우수
단점	• 무한책임성 • 자본조달 능력의 한정성 • 1인에 의한 경영능력의 한계성 • 세금의 과다	• 주주총회, 이사회의 결의 필요 • 임원 임기 • 복식부기 기장 의무 • 회사자산과 대표자자산 분리

(3) 개인법인(소득세)과 법인기업(법인세)의 세율 비교

구 분	개인기업(소득세)		법인기업(법인세)	
세율	1,200만원 이하	6%	2억 이하	10%
	1,200만원~4,600만원 이하	15%	2억 초과~200억 이하	20%
	4,600만원~8,800만원 이하	24%	200억 초과	22%
	1억 5천만원 이하	35%		
	1억 5천만원 이상	38%		

2. 일반과세자와 간이과세자

관할세무서에 사업자등록을 신청할 때 일반과세자와 간이과세자 중 어느 하나로 사업자등록을 하여야 하는데, 일반과세자와 간이과세자는 세금의 계산방법 및 세금계산서 발행 등에 차이를 두고 있으므로 본인의 사업에 어느 형태가 적합한지를 검토한 후 사업자 등록을 하는 것이 좋다.

(1) 일반과세자

일반과세자는 공급가액의 10% 세율이 적용되는 반면에 물건 등을 구입하면서 받은 매입세금계산서상의 부가가치세액을 전액 공제받을 수 있고 세금계산서를 발행할 수 있다.

연간 매출액이 4,800만 원을 초과할 경우와 간이과세자에 해당되지 않는 업종은 일반과세자로 등록을 해야 한다.

※ 간이과세자로 등록할 수 없는 업종

① 광업
② 제조업(단, 떡집, 방앗간, 양복점, 양장점 등과 같이 최종 소비자를 직접 상대하는 사업은 간이과세 적용)
③ 도매업(소매업을 함께 영위하는 경우를 포함하되, 재생용 재료수집 및 판매업은 제외)
④ 부동산 매매업
⑤ 과세 유흥장소 영위사업 – 특별시, 광역시 및 일반 시 지역
⑥ 부동산 임대업 – 특별시, 광역시 및 일반 시 지역
⑦ 인적용역 제공사업
변호사, 변리사, 법무사, 공인회계사, 세무사, 경영지도사, 감정평가사, 건축사, 측량사 등 전문직 사업자
⑧ 기타 국세청장이 정하는 기준에 해당하는 사업

(2) 간이과세자

간이과세자는 공급가액의 업종별 부가가치세율을 적용하기 때문에 매입세액의 5~30%를 공제받을 수 있으며 세금계산서를 발행할 수 없다. 주로 소비자를 상대하는 업종으로 연간 매출액이 4,800만 원에 미달할 것으로 예상하는 소규모 사업자의 경우에는 간이과세자로 등록하는 것이 유리하다.

(3) 일반과세자와 간이과세자의 비교

구 분	일반과세자	간이과세자
적용대상	개인 및 법인사업자 연간 매출액 4,800만원 이상자	개인사업자로서 연간 매출액이 4,800만 원 미만자(배제업종 제외)
의무사항	① 공급가액 10% 부가가치세 납부 ② 세금계산서 발행 ③ 매입/매출 간편장부로 기장 가능	① 공급가액×업종별 부가가치세율×10% ② 세금계산서 발행 불가 (단, 영수증, 계산서 발행 가능)
과세표준	공급가액(부가가치세 제외)	공급대가(부가가치세 포함)
납부세액	매출세액 – 매입세액	과세표준 × 업종부가가치세율 × 10%
매입세액 공제여부	전액 공제(매출세액 초과 시 환급)	매입세액 × 업종부가가치세율 공제 납부세액 한도
세금계산서	원칙적으로 세금계산서 발행	영수증 교부(세금계산서 발행 불가)
가산세	세금계산서 관련 가산세 있음 미등록 가산세율 1%	세금계산서 관련 가산세 없음 미등록 가산세율 0.5%
발행영수증	세금계산서, 신용카드 등 발행전표	영수증, 신용카드 등 발행전표

(4) 간이과세사업자의 과세유형 전환

처음에 간이과세자로 등록했어도 다음과 같은 경우에 과세유형은 다시 판정된다.

① 간이과세자로 등록했다 하더라도 1년간 매출액이 4,800만 원 이상이 되면 일반과세자로 전환되며, 4,800만 원 미만이면 계속 간이과세자로 남게 된다.

② 처음에 간이과세자로 등록하였으나 거래 상대방이 세금계산서를 요구하거나 기타 사정에 의해 일반과세자로 변경하고자 하는 경우에는 변경하고자 하는 달의 전달 말일까지 '간이과세 포기 신고서'를 제출하면 된다. 간이과세를 포기하면 3년간은 다시 간이과세를 적용받을 수 없다.

3. 절세와 탈세

세금을 징수당하는 국민의 입장에서 보면 가능한 한 세금을 적게 내거나 좀 더 줄여서 내고 싶은 것이 모든 사람들의 솔직한 심정일 것이다. 그렇다고 무조건 적게 낼 수는 없다. 절세와 탈세는 모두 납세자가 자기의 세금부담을 줄이고자 하는 목적에서 행해진다는 점에서는 같다고 할 수 있지만 그 방법은 세법이 허용하는 범위 내에서 하여야 할 것이다.

(1) 절세

절세란 세법이 인정하는 범위 내에서 합법적·합리적으로 세금을 줄이는 행위를 말한다. 사업과 관련된 세금을 절세하려면 세법을 충분히 이해하고 법테두리 안에서 세금을 줄일 수 있는 가장 유리한 방법을 찾는 것이 절세의 지름길이다. 이를 구체적으로 살펴보면 다음과 같다.

① 평소 증빙자료를 철저히 수집한다.

② 장부정리를 꼼꼼하게 하여 안내도 될 세금은 최대한 내지 않도록 한다.

③ 세법에서 인정하고 있는 각종 소득공제, 세액공제, 준비금, 충당금, 퇴직연금 등의 조세지원제도를 충분히 활용한다.

④ 세법이 정하고 있는 각종 의무사항을 성실히 이행함으로써 매입세액불공제나 가산세 등의 불이익 처분을 받지 않도록 한다.

(2) 탈세

탈세란 고의로 사실을 왜곡하는 등의 불법적인 방법을 동원하여 세금부담을 줄이려는 행위를 말한다. 탈세의 유형은 여러 가지이나 대표적인 것은 다음과 같다.

① 수입금액 누락
② 실물거래가 없음에도 비용을 지출한 것으로 처리하는 가상경비 계상
③ 실제보다 비용을 부풀려 처리하는 비용의 과대 계상
④ 허위계약서 작성
⑤ 명의 위장
⑥ 공문서 위조 등

따라서 정부에서는 현금영수증 의무발행 제도, 신용카드 가맹점 확대, 주류구매전용카드제 시행, 입장권 전산발행시스템 도입 등으로 과세근거를 자동적으로 포착할 수 있도록 하고 있으며, 금융종합소득과세 확대, 실지거래가액에 의한 양도소득세 과세 등 탈세행위를 근절시키기 위한 다양한 노력을 기울이고 있다.

(3) 조세회피

조세회피란 세법이 예상하는 거래형식을 따르지 않고 우회행위 등 이상한 거래형식을 취하여 통상의 거래형식을 취한 경우와 동일한 효과를 거두면서 세금부담을 줄이는 것을 말한다. 조세회피는 사회적 비난의 대상이 될 수는 있으나 세법상 처벌의 대상이 되지는 않는다. 예를 들어, 상속세 및 증여세법이 개정되기 전의 전환사채를 이용하여 사실상 주식을 증여하는 행위 또는 비상장 주식을 증여한 후에 상장하여 시세차익을 얻게 하는 행위 등이 조세회피에 해당된다.

2. 급여와 세금 따라잡기

월급에 대한 세금은 근로소득세(갑근세)와 주민세, 퇴직소득세로 나눌 수 있으며, 근로소득세와 주민세는 기업(사업장)에서 우선 원천징수하였다가 세금을 정산하면 되고 퇴직소득은 가능한 퇴직연금제도에 가입한 후 퇴직금 지급시 정산(퇴직연금 가입 금융기관에서 처리)하면 된다.

1. 월급에 대한 원천징수

(1) 원천징수 제도

직원에게 지급되는 소득 또는 수입금액을 지급하는 자(원천징수 의무자)가 이를 지급할 때 납세의무자로부터 일정액의 세액을 미리 징수하여 국가에 신고, 납부하는 제도이다.

기업에서는 근로소득세의 원천징수 시 전산프로그램이 있으면 자동으로 월급에서 근로소득세와 지방소득세를 차감하여 월급을 지급하고, 전산프로그램이 없는 기업의 경우에는 간이세액표를 활용하여 근로소득세와 주민세를 원천징수하게 된다.

(2) 원천징수의 종류

납세의무자의 납세의무가 원천징수에 따라 완납적 원천징수와 종합적 원천징수로 구분해 볼 수 있다.

❶ 완납적 원천징수

다음과 같은 소득의 행위로 원천징수에 의하여 소득에 대한 세금이 확정되어 소멸되는 것을 말한다.

① 일용근로자의 급여액

② 2,000만 원 미만의 이자소득 및 배당 소득

③ 300만 원 미만의 기타 소득

④ 분리과세 연금 소득

❷ 종합적 원천징수

근로소득의 최종월분의 급여 지급 시 그동안 원천징수한 세액과 과부족을 연말정산하게 된다. 특히 사업소득(보험모집인, 방문판매원 등에게 지급되는 소득 등) 세액의 연말정산도 소득자의 인적사항을 종합적으로 고려하여 원천징수하게 된다.

❸ 원천징수의무자

원천징수의무자는 개인에게 일정한 소득 또는 수입 금액을 지급하는 자이다. 기업을 운영할 경우 모두 원천징수의무자이다.

원천징수의무자가 국내에 거주할 경우 그 거주자의 주된 사업장 소재지로 한다.

2. 원천징수의 납부 및 환급

(1) 원천징수세액의 납부

원천징수세액은 그 징수일이 속하는 달의 다음달 10일까지 원천징수 관할세무서에 납부하여야 한다. 원천징수의무자가 징수한 소득세, 법인세는 징수일이 속하는 달의 익월 10일까지 매월 납부하는 것이 원칙이나, 금융 및 보험업을 제외한 영세사업자의 경우는 관할세무서장의 승인을 얻어 원천징수한 세액을 매 반기별로 납부할 수 있다.

(2) 원천징수세액의 환급

근로소득세액에 대한 연말정산을 하는 경우에 원천징수의무자가 이미 원천징수하여 납부한 소득세에 과납이나 오납이 있어 근로소득자에게 환급하는 때에는 그 환급액 원천징수의무자가 원천징수하여 납부할 소득세에서 조정하여 환급한다.

3. 근로소득의 계산

<계산절차>

연간급여액
(−) 비과세소득
총 급여액
(−) 근로소득공제
근로소득금액
(−) 각종 소득공제
과세표준
(×) 세율
산출세액
(−) 세액공제
결정세액
(−) 기납부세액
납부(환급)할 세액

<근로소득공제>

총 급여액	공제금액
500만원 이하	100분의 70
500만원 초과 ~ 1,500만원 이하	400만원 + 500만원 초과액의 40%
1,500만원 초과 ~ 4,500만원 이하	900만원 + 1,500만원 초과액의 15%
4,500만원 초과 ~ 1억원 이하	1,125만원 + 3,000만원 초과액의 5%
1억원 초과	1,275만원 + 4,500만원 초과액의 2%

<세 율>

과세표준	세 율
1,200만원 이하	6%
1,200만원 ~ 4,600만원 이하	15%
4,600만원 ~ 8,800만원 이하	24%
1억 5천만원 이하	35%
1억 5천만원 이상	38%

3. 4대 보험 따라잡기

사업을 영위할 경우 사회보장제도로서 근로자를 채용할 경우 4대 보험인 국민연금, 국민건강보험 및 노인장기요양보험, 고용보험, 산재보험을 강제적으로 가입시키도록 되어 있다.

1. 국민연금

국민연금은 가입자인 국민이 노령, 장애 또는 사망으로 소득능력이 상실 또는 감퇴된 경우 본인이나 그 유족에게 일정액의 급부를 지원하여 안정된 생활을 할 수 있도록 운영하는 연금제도이다.

(1) 가입대상자

❶ 사업장 가입자

국민연금에 가입된 사업장의 경우 18세 이상 60세 미만의 사용자 및 근로자로서 국민연금에 가입된 자를 말하며, 1인 이상의 근로자를 사용하는 사업장에서 한국 국적 근로자를 사용하는 경우 18세 이상 60세 미만의 사용자와 근로자는 당연히 사업장 가입자가 된다.

❷ 지역가입자

국내에 거주하는 18세 이상 60세 미만의 국민으로서 사업장 가입자가 아닌 경우 당연히 지역 가입자가 된다.

(2) 보험료 납부 및 보험료율

사업장 가입자는 기준소득월액의 9%에 해당하는 금액을 본인과 사용자가 각각 4.5%씩 부담하여 매월 사용자가 납부한다. 기준 소득월액은 1년에 한번 산정하므로 매월 실제 지급액의 4.5%와는 맞지 않을 수 있다.

> 국민연금 보험료 = 가입자의 기준 소득월액 × 9%(각각 4.5%)
> ※ 기준 소득월액 = 전년도 소득총액 ÷ 해당사업장 종사기간 총 일수 × 30일

2. 국민건강보험(노인장기요양보험)

국민건강보험은 질병이나 부상으로 인해 발생한 고액의 진료비로 가계에 과도하게 부담되는 것을 방지하기 위해 국민 상호 간 위험을 분담하고 의료서비스를 받게 하는 사회보장제도이다.

(1) 보험료 산정

전년도에 신고한 보수월액으로 보험료를 산정 부과한 후 당해연도 보수총액을 신고 받아 정산하는 방식을 채택하고 있다.

(2) 보험료 납부 및 보험료율

건강보험료는 직장가입자가 당해 월에 받은 기준보수월액의 5.99%에 해당하는 금액을 본인과 사용자가 각각 2.995%씩 부담하여 매월 사용자가 납부한다.

노인장기요양보험료는 건강보험료에 6.55%를 납부한다.

건강보험료 = 가입자의 기준 보수월액 × 5.99%(각각 2.995%)
노인장기요양보험료 = 건강보험료 × 6.55%(각각 3.275%)

3. 고용보험

고용보험은 국가가 고용정책을 수행하기 위하여 보험의 가입과 보험료 납부가 강제되고 실업이라는 보험사고에 대하여 근로자와 사업주를 지원하는 공적인 사회보험제도이다.

(1) 가입대상 사업장 및 적용근로자

근로자 1인 이상 고용하는 모든 사업장에서 사업주 의사와는 관계없이 의무가입하여야 한다. 만약 2개 이상의 사업장에서 소득이 발생하는 경우에는 소득이 높은 사업장 1곳에서 공제한다.

※ 적용제외 근로자: 64세 이상인 자(그 날이 속하는 달부터 징수하지 않는다.) 및 월간 근로시간이 60시간(주간 15시간) 미만인 근로자는 공제하지 않음

(2) 보험료율

① 고용보험료율은 실업급여와 고용안정사업으로 구분하며 사업주가 행하는 사업의 규모로 결정하되 규모는 상시근로자수를 기준으로 적용한다.

실업급여 = 가입자의 기준 보수월액 × 1.3%(각각 0.65%)
고용안정사업 = 150인 ~ 1,000인 이상(0.25% ~ 0.85%)

4. 산재보험

산재보험은 산재근로자와 그 가족의 생활을 보장하기 위하여 국가가 책임을 지는 의무보험으로 국가가 사업주로부터 소정의 보험료를 징수하여 그 기금으로 사업주를 대신하여 보상을 해 주는 제도이다.

산재보험료율은 일반요율과 개별 사업장의 보험사고율로 구분하여 산정하되 근로자수와 보수총액 등의 기준에 의해 산정한다.

4. 스타트업 기업의 세금절약

절세는 특별한 것이 절대 아니다. 평소 사업과 일상생활 속에서 관심을 갖고 꼼꼼히 챙긴다면 절세는 항상 가능한 것이다. 처음부터 절세의 개념을 갖는 스타트업 기업을 만들어 보자.

1. 사업자등록 명의는 절대로 남에게 빌려주지 말자

인감도장, 인감증명서, 주민등록등본을 남에게 빌려주거나, 본인의 명의를 남에게 빌려주어 타인이 사업등록을 하게 되면 큰 피해를 입을 수 있다. 사업자등록을 빌려주면 명의를 빌려간 사람이 세금을 못 낼 경우 재산상 큰 손해와 금융거래상의 불이익, 국민연금 및 건강보험료 등을 추가로 내게 된다.

2. 가짜 세금계산서는 절대로 주고받지 말자

세금을 줄일 목적으로 실제 거래 없이 세금계산서만 주고받는 경우 혹 때려다

혹 붙이는 격이 되어 크게 낭패를 보게 된다. 가짜 계산서임이 밝혀지면 세무조사와 동시에 줄인 세금에 대한 엄청난 세금이 추가 부과되고, 「조세범처벌법」 등 각종 제재를 받게 된다.

3. 영세법인을 운영하는 경우 주주구성원을 가족과 공동으로 하지 말자

중소영세법인을 운영하는 경우 일반적으로 주주구성원을 가족으로 구성하게 되는데 세금을 제때 납부하지 못할 경우 가족 전체가 신용불량자, 가족의 모든 재산이 압류되어 후세까지 경제적 어려움을 겪을 수 있다.

4. 부동산 거래는 양도, 양수 전에 세무전문가와 상담하자

부동산 거래는 대부분 금액이 크고 평생 1~2회 거래가 일반적임에도 불구하고 너무 경솔한 나머지 평생 씻을 수 없는 엄청난 피해를 입을 수 있다. 부동산을 상속 또는 증여하는 경우 또는 친인척 간의 거래에 있어서도 사전에 세무전문가와 상담하는 것이 좋다.

5. 지출된 비용은 최대한 금융기관 또는 신용카드를 사용하고, 근로자의 경우 최소한 현금영수증을 받자

사업을 경영하거나 근로자의 경우 지출된 비용은 금융기관 또는 신용카드, 직불카드, 현금영수증 제도를 잘 활용하여 지출증빙 또는 소득공제로 활용하자. 혹시 현금이 필요하다고 하여 신용카드 '깡'(허위 매출)을 하는 것은 사채업자로 볼 수 있으므로 주의하여야 한다.

6. 거래 대금지급은 최대한 금융거래를 이용하자

장부를 기장하거나 부동산 매매대금을 지급하는 경우에 있어서도 가장 확실한 거래사실 입증은 금융기관을 통하여 거래하는 것이다. 거래 상대방이 부도가 나거나 폐업한 경우나 위장 또는 가공 거래업체인 경우에도 금융거래를 통하여 지급한 사실이 판명되는 경우에는 지급한 확실한 금액은 인정되므로 금융거래를 하는 것이 좋다.

7. 소득세 누진세율을 최대한 활용하자

소득세는 초과 누진세율이 적용되므로 소득을 일정단위로 분산하여 수입하거나 양도하는 것이 유리하다. 부동산의 경우 금액이 크기 때문에 매년 일정단위로 나누어 거래하면 양도소득세를 크게 절감할 수 있다.

8. 재산(금융재산 또는 부동산)의 증여와 상속은 사망 전 최소한 10년 전부터 준비하자

재산을 자녀나 배우자에게 증여하는 경우에는 사망 전 최소한 10년 전부터 준비를 하여야 세금부담을 최대한 줄일 수 있다. 암이나 기타 질병에 걸려 사망을 앞둔 경우 자녀나 배우자에게 재산을 증여하는 것은 대부분 증여세와 상속세 부담이 이중으로 늘어나므로 바람직하지 않다.

9. 손해난 사실을 인정받기 위해 장부를 기장하자

세금은 원칙적으로 장부와 증빙에 의해 결정된다. 따라서 장부를 기장하지 않으면 손해가 났다 하더라도 세금을 내는 경우가 생길 수 있으므로 장부를 기장하자. 사업을 하다가 적자가 나면 적자난 사실은 국세청에서 알 수 없다. 이때 적자난 사실과 관련된 서류를 제출하면 차년도에 적자난 금액을 차감 받을 수 있어 세금을 줄일 수 있다.

10. 유능한 세무전문가를 알아 두자

유능한 세무전문가를 평소에 알아두면 조세에 대한 궁금한 사항, 억울한 세금 또는 사업을 하는 경우에 있어서 큰 도움을 받을 수 있다. 기장업무를 도와주는 세무사도 세무사들의 전문 영역이 달라 5년에 한번은 다른 세무사로 변화를 주는 것도 회사 경영에 도움이 된다.

생각해 봅시다

기초 세금용어

1. 가산세

세법에 규정하는 의무의 성실한 이행을 확보하기 위해 세법에 의하여 사출한 세액에 가산하여 징수하는 금액을 말한다. 따라서 가산세는 각종 의무의 불이행에 가해지는 벌과금적 성격의 세금이다.

2. 가산금

국세를 납부기한까지 납부하지 않은 때에 「국세징수법」에 의하여 고지세액에 가산하여 징수하는 금액과 납부기한 경과 후 일정기한까지 납부하지 않은 때에는 그 금액에 다시 가산하여 징수하는 금액을 말한다. 따라서 가산금은 일종의 연체이자 성격을 가지고 있다.

3. 공과금

「국세징수법」에 규정하는 체납처분의 예에 의하여 징수할 수 있는 채권 중 국세, 관세, 임시수입부가세 및 지방세와 이에 관계되는 가산금 등을 말한다. 국가나 공공단체가 국민에게 부과하는 금전적인 부담으로 지방세인 재산세, 자동차세, 전기료, 전화료, 상하수도 요금과 국세인 종합소득세, 증여세, 갑근세 따위가 있다.

4. 납세의무자와 납세자

- 납세의무자: 세법에 의하여 국세를 납부할 의무가 있는 자
- 납세자: 납세의무자 및 세법에 의하여 국세를 징수하여 납부할 의무를 지는 자

5. 원천징수

세법에 의하여 원천징수의무자가 국세(가산세 제외)를 징수함을 말한다. 이는 일정한 소득금액 또는 수입금액을 지급하는 자가 그 지급하는 금액에서 지급받는 개인(법인)의 소득세(법인세)를 차감하고 차액만을 지급하는 것을 말한다.

6. 과세표준

세법에 의하여 직접적으로 세액산출의 기초가 되는 과세물건의 수량 또는 가액을 말한다.

7. 전자신고

과세표준 신고서 등「국세기본법」 또는 세법에 의한 신고관련 서류를 국세청장이 정하여 고시하는 정보처리장치에 의하여 신고하는 것을 말한다.

8. 현금영수증

현금영수증 의무발행 업종의 사업자는 거래 건당 10만 원 이상 현금 거래 시 소비자가 요구하지 않더라도 현금영수증을 발급해야 한다. 현금영수증을 발급하지 않을 경우 거래대금의 50%가 과태료로 부과된다.

PART

03

창업실무 사례

창업을 제대로 한다는 것은 무엇을 의미하는가?

한 가지 일에 1만 시간 이상을 투자해보았는가?

여러분들이 가장 좋아하는 재미있어하는 일에 하루에 3시간씩 10년을 해야 1만 시간이 나온다. 1만 시간의 법칙의 저자는 한 가지 일에 1만 시간을 꾸준히 투자를 해야 그 분야의 전문가가 될 수 있다고 한다. 창업도 마찬가지 내가 하고자 하는 창업아이템 관련된 일도 1만 시간 이상 배우고, 습득을 해야 만 하는 것이다. 창업실무 파트를 준비하며 1만 시간이란 '스스로의 무장이 되어가는 시간'이라고 정의하고 싶다.

혹여, 창업의 동기가 마냥 남들이 창업해서 성공을 거두었다고 하니, '비슷하게라도 창업을 하면 되겠지'라는 안일한 생각과 또는 머릿속에 그림만 그려놓고 바로 실행하는 것은 둘 다 위험을 초래하는 일이다. 그러므로 창업을 제대로 한다는 것은 창업자와 창업실무자, 구성원 모두 각자의 역할에 무장이 되어야하겠다.

각자의 역할에 무장이 되기 위한 방법으로 9장에서는 창업아이디어에 대한 직무분석을 집중적으로 해 보아야 한다. 즉, 위험부담 없이 각자의 직무에 대해 직무분석표를 세밀하게 나열해보고 스스로가 바람직한 방향으로 방법을 바꿔보면서 충분히 직무에 대한 분석을 하는 것이다. 또한 직무분석과정에서 새로운 아이디어가 창출되기도 한다.

10장에서는 레드오션과 블루오션에 대한 개념을 알아보고, 그 개념이 충분히 체득되면 여러분들도 수 만 가지의 업종이 레드오션업종인지, 블루오션업종인지 알 수 있을 것이다. 즉, 나의 창업아이디어가 레드오션인지, 블루오션인지부터 파악 해 본 후, 블루오션에 가까운 창업아이템을 선정하는 것이 좋겠다.

제 11장에서는 전 세계는 실로 4차 산업혁명의 시대에 이미 놓여있다고 해도 과언이 아닌 시대가 왔다. 이미 미래를 준비하는 전 세계 대기업에서는 4차 산업혁명의 시대에 대비하고 있고, 빅 데이터 분석을 이용해 이용객들에게 보다나은 서비스를 제공하고 있다. 우리나라 정부에서도 정부3.0공공포털에서 제공하는 빅 데이터 분석 사이트를 제작 해 놓았으니 여러분들도 빅 데이터에 대해 이해하고 실습해본다.

제 12장에서는 국내 · 외 성공창업가들의 노력과 함께 무장이라는 단어가 녹여있는 창업가를 소개하였다. 성공창업가들의 성공 뒤에 가려진 피나는 노력과 무장이라는 노하우를 여러분들도 다져보면 한다.

부록에서는 실제 여러분들이 꼭 창업을 하지 않더라도, 미래에 내가 어떻게 될지 모르는 불안한 고용의 현실에서 미리 학습한 데로 모의 창업대회를 개최해 창업아이디어에 대한 사업제안서발표와 세부내용 및 또는 창업아이템 지원관련 사이트에서 서식을 지원받아 작성해보기를 해보며 창업에 한 발짝 더 다가가보기를 바란다.

마지막으로 청년창업가들이여!

기능만을 강조해서 승부를 보려 하지 말고, 그 일에 대해 가치와 의미를 부여해 보다 가치있는 창업을 해보기를 또한 협동과 창의성으로 새로운 공유비전을 제안 해보며 여러분들의 무한한 가능성과 잠재력을 발휘해 스타트업 창업을 도전 해 보는 것도 대학생활에 의미와 가치가 있는 일이다.

Chapter

09

직무분석 실제

1. 직무분석의 의의와 필요성

1. 직무분석의 의의

오늘날 직업의 종류는 수없이 많고 인간은 일을 떠나서는 살아갈 수 없다. 또한, 각 직무의 내용과 특성이 각각 다르며 또한 직무를 수행하는 데 요구되는 지식, 기술, 능력, 경험, 책임도 각각 다르다.

미래학자 존 네이비스트는 〈글로벌 패러독스〉에서 "앞으로의 세계 경제는 점점 대형화되어 가는데 반해 작은 조직들은 더욱 강력한 힘을 발휘하게 될 것이다."라고 하였다.

조직에서 직무분석의 목적은 전 계층과의 커뮤니케이션을 통해서 일관된 목표를 도출해 내고 문제해결 과정이나 의사결정 과정에서 효과적으로 팀원들의 창조성을 자극하고 개발하여 유효적절한 직무분석의 목적에 합당해야 한다.

- 직무분석은 특정 조직에서 개인과 조직 또는 사람과 일의 관계가 상호 간에 과부족이 없도록 '어떻게(How)'를 해결해 주는 것이 바로 직무분석이다. 즉 직무분석은 직업정보의 기본적인 문제해결 수단으로서의 역할을 한다고 할 수 있으며, 한 직무를 담당하고 있는 사람이 자신의 직무에서 무엇을 어떤 순서로 하고 있으며, 어떤 상황에서 업무를 수행해야 하며, 어떤 수준의 성과를 내야만 바람직한가를 자세히 규명하는 고도로 체계적인 절차이다.
- 직무분석은 별로 중대하지 않은 업무에 투자되고 있을지도 모르는 자원의 낭비를 막음으로써 직무 중 우선 순위를 지닌 중대한 업무와 그 업무를 가능하게 하는 데 필요한 기술과 지식 습득에 자원을 집중적으로 투자한다.
- 직무분석은 여러 종류의 개개 직무에 관한 내용과 특성을 조사하는 절차라고 할 수 있다. 즉, 직무분석은 인력을 합리적으로 하기 위한 현재의 상태를 파악하는 수단이며, 직무분석한 결과가 조직의 업무 개선을 위해서 사용될 때 목적이 달성된다.

2. 직무중심 인사의 필요성

직무중심 인사로의 혁신을 위한 첫걸음은 직무를 명확하게 이해하고 분석하는 것이다. 1990년대 후반 이후 우리 기업들의 인사 철학은 '사람중심'에서 '성과중심', '직무중심'으로 변하고 있다. 특히 LG와 삼성뿐만 아니라 포스코, 태평양, CJ 등 국내 대기업들이 직무 체계를 정비하고, 성과와 역량에 기반을 두어서 평가, 보상 및 승진급 등을 결정하는 직무중심 인사 시스템을 도입하고 있다.

- 직무분석의 결과를 어떤 목적에 사용하고 적용하면서도 그 후 계속적으로 수정하고 보완하는 사후관리가 이루어져야 한다.
- 직무분석은 인적자원관리의 기본적인 문제해결 수단으로서의 역할을 한다고 할 수 있다.

3. 직무분석과 관련된 3가지 오해

오해 1 직무분석은 어떤 직무가 무엇을 하는가에 대한 「활동」들을 파악하는 것이다.

직무분석은 단순하게 무엇을 하고 있는가를 나열하는 것이 아니라 말 그대로 분석을 하는 것이다.

오해 2 직무분석은 「점직자[1]의 업적, 특성, 경력」 등을 밝혀내는 것이다.

직무분석은 직무에 대하여 하는 것이지 사람에 대하여 하는 것이 아니다. 사람들은 인사이동을 통하여 오갈 수 있지만 직무는 쉽게 바뀌지 않는다.

오해 3 직무분석은 직무가 무엇인지를 「판단」하는 작업이다.

직무분석을 하는 것은 직무에 대하여 어떤 '판단'을 하자는 것이 아니다. 물론 직무평가(Job Evaluation) 시에는 판단이 개입되기는 하지만 직무분석은 판단의 근거를 제공하기 위한 사실확인 작업이다.

2. 직무분석의 개념과 관련용어

1. 직무분석의 정의

(1) 사전적 정의

직무분석은 직무에 대한 정보를 수집·분석하여 직무의 내용을 파악하고, 각

1) 현장 노동자, 고 성과자(Subject Matter Expert; SME) 현장 경험이 풍부한 산업체의 전문가

직무의 수행에 필요한 지식, 기술, 능력, 경험, 책임 등의 요건을 명확히 하는 일련의 과정을 의미한다.

(2) 조직적 정의

직무란 하나 또는 둘 이상의 과업(task)이 모여서 형성되고, 과업이란 몇 가지 동작(motion) 또는 요소업무(element)들로 구성된다. 따라서 기업(조직)과 업무분장, 조직과 단위조직(부서), 단위조직과 개별 직무, 직무와 직위, 직위와 과업, 과업과 동작, 요소업무를 시스템의 논리에 따라 인적자원관리가 용이하도록 분석하는 과정이다.

2. 직무의 관련용어

용 어	정 의
일(과업)	종업원에게 할당된 일의 기초 업무단위로 일정한 목적을 가지고 있으며 분업 및 분담이 가능한 정리된 일을 지칭한다. 이는 동작이나 가장 세분화된 요소업무들로 구성된다.
직위	한 사람의 개인 종업원에게 할당된 과업의 집합을 말하며, 직위 수는 사람 수와 같은 것으로 정원관리에서 사람 수는 직위 수와 동일하다.
직무	업무의 종류와 수준이 동일하거나 비슷한 직위들의 집합으로서 인사관리 대상으로 발전된 개념이다. 한 직무에 단지 하나의 직위만이 존재할 수도 있고, 복수의 직위가 있을 수도 있다.
직렬	유사하고 공통적인 직무들의 집합체이다. 조직이 커지고 직무의 수가 많아지면서 복잡한 직무들을 통합한 관리가 필요하여 형성된 개념이다.
직군	관리직, 사무직, 기술직, 생산직, 전문직 등 가장 넓은 직무 집단의 개념으로 동일하거나 유사한 직렬의 집합 개념이다. 직종과 같은 개념으로 사용되기도 한다.
직업	동일하거나 유사한 직군의 집단으로서 한 산업이나 많은 기업에서 발견되는 특정 범주의 직무 집합이다.

(1) 직무분석관련 용어의 개념

– 과업(task)

- 직무에 대한 하위개념 중 특정 목적을 수행하는 작업 활동으로 직무분석의 가장 작은 단위
- 독립된 목적으로 수행되는 하나의 명확한 작업활동
- 예) 타이프를 치는 것, 트럭의 화물을 내리는 것

– 책무(duty)

- 특정한 개인이 수행하는 것으로 여러 가지 과업으로 구성됨
- 맡은일, 맡겨진 일의 개념

– 직무(job)

- 동일하거나 유사한 직위의 집단
- 어떤경우는 유사한 직위가 없기 때문에 한 직위만으로 직무가 이루어지기도 함.
- 직업분류의 통계단위가 되는 일련의 업무 및 임무

– 직렬(job family)

- 동일하거나 유사한 직무의 집단

– 직군(occupation)

- 동일하거나 유사한 직종의 집단
- 직무의 종류가 광범위하게 유사한 직렬의 군

(2) 직무분석의 관련 용어(정리)

❶ 과업(task): 어떤 특정목적을 달성하기 위해 인간적 노력이 주어지는 경우, 그것이 신체적이거나 정신적인 노력 여부에도 불구하고 그 개개의 노력을 과업이라 한다.

❷ 직위(position): 과업 및 직책이 분명히 존재하는 한 사람 몫의 일거리가 있는 경우, 그 일을 수행하는 한 사람을 직위라고 한다.

(3) 직무분석과정에서 수반되는 각종 용어

❶ 책임(responsibility): 주어진 과업이나 임무를 수행할 작업자의 의무(obligation)를 말한다.

❷ 임무(duty): 직무에서 주어진 임무를 수행하기 위한 과업을 뜻한다.

❸ 의무(duty): 특정개인이 수행하는 것으로 여러 가지 과업으로 이루어진다. 면접이나 상담을 하는 일 등은 별도의 일로서 여러 가지가 모여서 하나의 과업을 이룬다.

❹ 직렬(job group): 모든 조직체에 걸쳐서 유사하고 공통적인 직무들을 집합시킨 것으로(타자원, 교환원, 운전원, 프로그래머, 변호사, 교사 등) 일명 직업이라고 한다.

3. 직무분석과 인사관리의 관계

1. 조직과 직무분석

기업의 운영을 계획적이고 능률적으로 수행하기 위해서는 먼저 각 사원에 대한 업무의 배분을 적절히 하고, 그 해당된 업무의 절차, 책임을 명확하게 해 두지 않으면 안 된다.

즉, 직무권한의 명확화와 합리적인 조직의 확립이 필요하다. 또한 근대적인 분권적 조직의 요건은

① 각 직무의 책임과 권한을 명확하게 하고 목적의 체계로서 직능적으로 계층화한다.

② 명확해진 책임과 권한을 하부로 위양하고 상급자는 위양한 부하의 일을 통제하는 데 그친다고 할 수 있다.

직무분석은

① 직무에 부과된 기본적 직능

② 소관절차

③ 수행해야 할 직책 또는 목표

④ 직책을 다하기 위해 부여된 권한

⑤ 업무수행상 관계되는 다른 직무와의 관계 등을 밝힘으로써 업무분장의 적정화, 권한의 명확화를 기하여 조직의 합리화를 기하여야 함

2. 종업원의 채용, 배치, 이동, 승진 등의 기준과 직무분석

채용과 배치를 합리적으로 하기 위해서는

① 우선 충원을 필요로 하는 직무를 수행하는 데 필요한 자격 및 수행요건을 밝히고

② 이들 요건을 충족시킬 수 있는 노동력의 공급처를 찾아 모집하고

③ 응모한 사람 중에서 ①의 요구를 충족시켜 주는 사람을 모집, 채용하여 배치한다는 절차를 밟아야 한다.

즉 새로 채용, 배치, 이동, 승진된 사람을 직무의 필요요건과 관련하여 인사관리를 함으로써 이 점을 명확하게 밝히는 직무분석에 의하여 기초가 확립되는 것이다.

3. 인사평가와 직무분석

인사평가를 합리적으로 실시하려면 직무와 연관해서 허가되지 않으면 안 된다. 즉 그가 맡은 바 직무를 어느 정도 수행하였는가, 또한 그 직무에 필요한 지식, 경험, 기술을 어느 정도 가지고 있는가, 하여야 할 책임을 어느 정도 수행하였는가를 구체적으로 평가할 필요가 있다.

4. 교육훈련과 직무분석

종업원 교육훈련의 목적은 각 사원이 현재 담당하고 있는 직무 또는 장래 담당 예정인 직무를 보다 완전히 수행할 수 있도록 하는 데 있다. 직무분석의 결과는 교육훈련의 기준이 됨과 동시에 개개 종업원의 지식, 숙련의 과부족상태를 판정하는 기준도 된다.

5. 정원관리와 직무분석

한 조직체가 관여하는 업무를 종류, 질 · 양적으로 평가하여 업무수행에 필요한 소요인원을 산정하여 정원을 책정하고 관리하므로 정원관리를 할 수 있다.

6. 직무분석의 기타 목적

직무분석은 직무급 설정의 기초 작업, 안전관리, 작업방법의 개선 내지 합리화 등에 이용된다.

4. 직무분석의 활용목적

1. 교육 · 훈련

교육 · 훈련의 목적은 직장에서 각 개인이 맡아서 수행하고 있는 직무나 장래 담당 예정인 직무를 보다 원활하게 수행할 수 있도록 하는 데 있다.

2. 조직관리

기업체의 운영을 계획적이고 능률적으로 하기 위해서는 먼저 개개인에 대한 일의 배분을 적절히 하고 그 배분된 일의 범위와 책임을 명확하게 해 두어야 한다.

즉, 개개의 종업원이 전체 조직 속에서 어떤 지위와 역할을 하는지 합리적인 직무 권한의 조직이 요구된다.

이를 위해서는 다음 사항에 유의하여 조직관리를 위한 직무분석이 이루어져야 한다.

① 직무에 부여된 기본적인 직능

② 관할하는 직무의 절차

③ 수행해야 할 직무상의 책임과 권한

④ 업무 수행 상에서 관계되는 다른 직무와의 관계

3. 채용 · 배치 · 이동

직무의 필요조건에 따라 노동력을 적재적소에 활용하기 위해서는 양과 질적인 측면에서 고려하여야 한다.

첫째, 양적 측면이라 함은 정원기준이라고도 한다.

이것은 생산 설비에 따라 일정한 생산량을 생산하기 위해서 얼마만큼의 작업자가 필요한지를 결정하는 것이다.

둘째, 질적 측면이라 함은 적성기준이라고도 한다.

채용 여부의 결정은 직무를 수행하는 데 필요한 일정 수준의 도달 정도에 따라 결정된다고 할 수 있다.

5. 직무분석 양식 및 적용

1. 직업명 작성 요령

직업(occupation)은 직무의 특수성 및 전문성에 따라 일관된 작업 또는 특수한 결과를 목표로 하는 일의 집합체로서, 한 개의 직무 또는 몇 개의 유사직무로 구성된다. 명칭은 한국표준직업분류의 표기 양식을 따르고, 가급적 지정된 직업명을 유지하되 직무분석 과정에서 정확한 직업명으로 수정 가능하다.

예시) 직업명: 간호사

2. 직무의 정의 작성 요령

수행하는 직무의 성격, 기능, 목적, 주요 내용, 다른 직무와의 관련성 등을 고려하여 전공과 관련 없는 일반인도 쉽게 알 수 있도록 가능한 한 함축성 있게 정의를 내려 기술하며, ~ 하는 직무이다 로 끝맺는다.

예시) 간호사의 직무의 정의
의사의 진료를 돕고, 개인, 가족, 지역사회를 대상으로 과학적인 방법인 간호과정을 전인적으로 이해하고 적용하여 간호(질병을 예방하고 건강을 유지·증진·회복하도록 돕는 일)를 전문적으로 수행하는 직업이다.

3. 직무의 모형

책무	작업				
A	A-1	A-2	A-3	A-4	A-5
B	B-1	B-2	B-3	B-4	B-5
	B-6	B-7	B-8	B-9	
C	C-1	C-2	C-3	C-4	C-5
D	D-1	D-2	D-3	D-4	D-5
E	E-1	E-2	E-3	E-4	E-5
	E-6	E-7	E-8	E-9	
F	F-1	F-2	F-3	F-4	F-5

출처: 직업교육훈련과정 개발을 위한 직무분석 지침서(2003)

실제 직무분석 모형 활동사진
(예시: 간호사의 직무분석 모형)

> **직무모형도 작성 워크시트**
>
> 조 별로 직무를 정하고 분석하여 포스트잇, 수성매직을 준비하여 학과 또는 직업, 아이템, 사업제안서, 사업계획서 등 준비절차에 대해 직무모형도를 만들어 칠판에 붙이고, 발표해 본다.

책무 작업

책무 작업

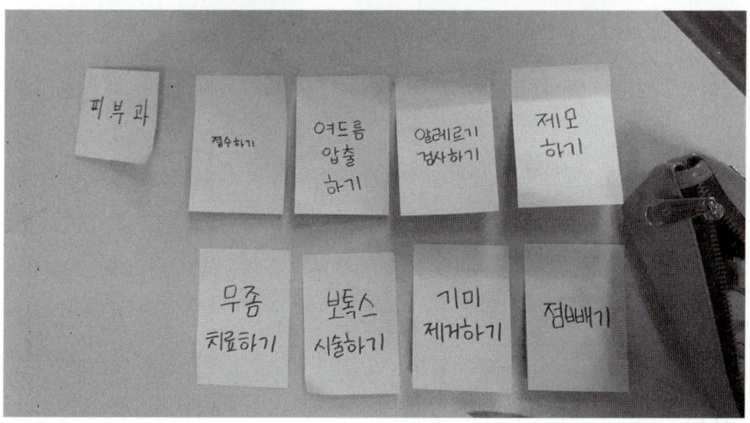
피부과
접수하기
여드름 압출 하기
알레르기 검사하기
제모 하기
무좀 치료하기
보톡스 시술하기
기미 제거하기
점빼기

Chapter

10

레드오션 블루오션

1. 블루오션을 창출하라

1. 유통의 혁명을 일으킨 일본 츠타야 서점

"사양산업인 서점 출판계의 새로운 신화를 쓰다."
"인터넷에서 줄 수 없는 것을 준다면 레드오션(하향산업)은 존재하지 않는다."
"소비자와의 접점! 오프라인 매장이 이제는 소비자에게 어떤 경험을 줄 것인가?"

"지적자본이 회사의 사활을 결정한다."

일본 컬처 컨비니언스 클럽이라는 회사는 1983년 오사카에 츠타야(TSUTAYA) 서점을 개점하면서 시작되었다. 당시 츠타야는 도서, 비디오, 음반 등을 대여 및 판매하는 동네의 작은 서점일 뿐이었지만 현재는 일본 전역에 약 1,400개 프랜차이즈 매장을 가지고 있는 일본에서 가장 큰 서점이 되었다. 또한 츠타야는 일본에서 처음으로 '라이프 스타일 스토어'라는 개념을 선보이며 서점의 혁신 모델로 손꼽히고 있다. 일본 컬처 컨비니언스 클럽은 츠타야 서점뿐만 아니라 츠타야 TV 등 인터넷 엔터테인먼트 사업과 업종에 관계없이 전국 22만 개 가맹점에서 사용할 수 있는 일본 최대 통합 마일리지 'T-Point'도 운영하고 있다. 대표적인 사양산업으로 인식되는 서점을 어떻게 성장시킬 수 있었는지 마스다 사장의 경영철학을 알아보자.

(1) 성공요인 분석

- 서적은 서적을 판매하기 때문에 가치가 없는 것이다.
- 다케오 도서관! 지역의 명소가 되다.
- 시민들이 즐기는 곳
- 바람, 빛을 도입해 인터넷에서 줄 수 없는 것을 주었다. 사양산업은 없다.
- 인터넷에서 줄 수 없는 차별화된 서비스 제공
- 고객에게 제안 덩어리를 제안하며 삶을 판매하는 공간
- 모두가 디자이너[2)]가 돼야 한다 - 기획을 핵심으로 인터넷 유통의 조직 관료화를 파괴하고 조직의 분위기를 콘셉트대로 프로젝트별로 묶어서 자연스럽게 아이디어를 낼 수 있는 분위기를 만들어 냈다.

---

2) 디자인
- 문제를 잘 찾아내고 그것을 창의적이고 혁신적인 방법으로 해결하는 것이다.
- Design = De + sign = 기호(Sign)의 구조를 파괴한다(Destruct) 즉, 고정관념에서 벗어나 변화를 추구하는 것이다.

"읽고 들었으면 느끼고, 느꼈으면 움직여라. 그게 곧 READING & DESIGN이다."

(2) 성공비결

1999년 일본의 출판 서적 산업은 서점 수 22,296개에서 2014년 14,241개로 사양산업에 접어들었다. 15년 동안 무려 8,000개의 서점이 사라졌다. 우리나라는 일본의 경우보다 더 심각하다. 이러한 극심한 불황 속에서도 도쿄의 새로운 명소로서 공간을 설계하고 기획하며 유통혁명을 일으켰다.

플러스성장을 향해 가고 있는 도쿄 츠타야 서점은 오사카를 기준으로 시작해 일본 전역으로 점포를 확대하고 있고, 독서뿐만 아니라 쇼핑, 문화, 사교, 휴식, 여행의 경계를 허물어버리고 있다.

츠타야의 성공 비결은 제안 덩어리를 판매한다. 요리책 옆에는 고객들의 반응에 따라 요리를 제안한다. 고객의 가치창출은 "지적자본의 시대에 모두가 디자이너[3]가 되어야 한다"라고 츠타야 서점 회장은 이야기한다. 아이디어를 만들어내고 제안을 하는 것. 편리성을 제공하며, 디자인의 중요성이 요구되는 지적자본주의시대! 이 시대 필요한 것은 시대의 통찰력과 아이디어를 제안하고 그 것을 실행하는 능력이 필요하다. '팔 것이 없다'라고 하지 말고 제안능력과 지적자본을 제안하고 라이프 스타일을 제안하는 것이다. 즉, 츠타야 서점은 물건이 아닌 삶을 판다.

츠타야 서점은 일반서점에서 판매하는 비지니즈, 처세 책 들은 취급하지 않고, 인문, 자동차 바이크, 명품 액세서리, 문예잡지, 예술, 건축, 디자인, 요리, 여행 아홉 개의 테마를 집중적으로 소개한다.

〈마스다 무네아키의 지적자본론 발췌〉

---

3) 츠타야 서점의 회장이 제안하는 디자인이란? 디자인이 상품의 꼴을 만드는 게 아니라 아이디어를 만들어내고 제안을 하고 사람들에게 편리성을 제공해 주는 것이다. 디자인의 중요성이 강조되는 이유는 디자이너만이 살아 남기 때문이다. 지적자본의 시대에 올바른 시대 인식을 아는게 중요하며, 지금이 어떤 시대인지 꿰뚫는 통찰력과 그 시대에 걸맞는 아이디어를 제안하고 실행하는 능력이 필요하다. 즉, 제안 능력과 동시에 지적자본의 시대이다.

(3) 츠타야 서점의 회장 마스다 무네아키

츠타야 서점의 회장 마스다 무네아키의 세계의 언론평

- 라이프 스타일의 산업을 주도한 경영자
- 일본 부호 순위 35위
- 역경 속에서도 끊임없이 새로운 기획을 제안하는 인물
- 가장 창의적인 기업가이면서 투자가
- 어느 누구보다 행복감을 잘 이해하는 사람-NHK 다큐멘터리
- 윤택한 삶을 기획하는 인물
- 라이프 스타일의 가장 창의적인 기업가로 손꼽힌다.

(4) 도쿄 다이칸니 야마의 츠타야 서점 경영철학과 성장 비결

- 서점 같지만 서점 같지 않는 곳
- 츠타야 서점은 일반 서점과 다른 매장 콘셉트로 공간을 재설계하고 기획함으로써 도쿄의 새로운 명소로 거듭남
- 물건(상품)을 파는 게 아니고 제안 덩어리를 판매한다.
  (예: 요리책 옆에 가보면 각종 식기나, 식재료가 같이 놓아져 있고, 원예책 옆에는 씨앗과 화분이 놓아져 있다. 그리고 디지털원예기구가가 갖춰져 있다. 음악서적과 음반이 자리를 함께 하고, 문화서적과 커피숍이 나란히 위치해 있다. 스포츠서적 옆에 가보면 테니스용품과 자전거를 판매하고 있다. 여행 책 코너에서 몇 발짝 걸으면 여행안내 데스크가 있어서 그곳에서 바로 항공권이나 기차표를 예매할 수 있다.)
- 각 매장은 통일된 인테리어의 큰 틀 속에서 고객들의 반응에 따라 줄이거나 늘리거나 하면서 고객들에게 유연하게 대응하고 있다.

(5) 불황에도 서점을 성공을 이끄는 비결! 제안 덩어리를 제안하라

츠타야 서점의 회장은 기획을 핵심으로 제안을 창출해 내야 하는 3단계(3rd stage)시대에 인터넷 쇼핑몰과 차별시킬 수 있는 오프라인의 매장의 해답은 무엇인가를 상당히 오래기간 고민하였다.

또한, 유통도 컨시어지마케팅[4]을 해야 한다. 누군가에게는 책과 음반, 영상, 콘텐츠는 등이 하나의 평범한 상품일 수는 있지만, 콘셉트를 묶어서 제안 덩어리를 소개한다면 라이프 스타일 추구하는 사람들에게 다가갈 수 있다고 츠타야의 회장은 판단했다.

츠타야 서점은 '삶에 필요한 물건이 아닌, 삶 자체를 판다'라는 이야기가 나온다. 츠타야에 가면 없는 게 없다. 독자가 책을 읽고 떠오르는 상품들이 자연스럽게 주변에 배치가 돼서 라이프 스타일을 구입하는 느낌을 받을 수 있도록 매장을 배치를 했다.

- 제안이란?–소비자들에게 물건을 파는 게 아니라, 하나의 라이프 스타일을 제안하며, 물건이 아닌 삶을 판다.
- 밀도 있는 제안과 접객담당자가 컨시어지 서비스를 한다.
- 리얼리티를 피부로 체험할 수 있는 감각을 되살리는 것에 노력을 했다.

(6) 서점은 서적을 판매하기 때문에 안 되는 것이다

고객에게 가치가 있는 것은 서적이라는 물건이 아니라 서적 속에 풍부하게 들어 있는 제안이다. 그 서적에 쓰여 있는 제안을 판매해야 한다. 제안 덩어리를 만들어내고 소비자들에게 제안하는 형태를 츠타야 서점에서 발견할 수 있다. 서

---

4) 컨시어지마케팅이란? '차세대 경제학'의 저자 엘리엇 에텐버그가 처음 제시한 개념으로 고객의 취향에 맞춰 종합적으로 안내하는 통합적 맞춤 서비스이다. 컨시어지는 원래 '관리인', '안내인'을 뜻하는데, 요즈음은 '고객의 요구에 맞추어 모든 것을 일괄적으로 처리해 주는 가이드'라는 의미로 쓰이고 있다. 또한 고객이 제일 처음 맞닥뜨리게 되는 일종의 관문 서비스다. 컨시어지는 여행, 교육, 문화, 쇼핑 등 다양한 영역에서 맞춤형으로 고객의 요청을 처리해 주는 서비스로 병원, 백화점 등 영역을 확장하여 서비스를 하고 있다.

점만 확장 하는 것이 아니라 다양한 사회공헌 프로젝트도 함께 한다. 인구 5만 명의 다케오시에 지역에 도서관을 만들어 13개월 동안 관광객 100만 명이 찾는 지역 명소도 만들어냈다.

설계할 때부터 책을 대출해 주는 곳이 아니라 시민들이 즐겨 이용하는 곳이라는 개념에서 시작했다. 사람들이 자유롭게 찾아와 책을 읽고 편안한 분위기를 느낄 수 있는 곳, 가족끼리 친구끼리 편안하게 책을 읽을 수 있는 지역의 명소로 만들어냈다.

츠타야 서점에서는 인터넷에 존재하지 않는 것들을 경험해 볼 수 있다. 바람이나 빛을 도입해서 방문객들에게 편안함을 주고 있고 한번 찾은 사람들이 오래 머물고 싶은 공간들을 만들었다.

(7) 사양산업(레드오션)은 없다

인터넷에서 경험할 수 없는 차별화된 서비스를 경험하게 하는 것이야말로 진정한 가치 창출이다. 4차 산업시대를 맞아 모든 산업이 위기를 맞고 있고, 사양산업의 길을 걷고 있는 현실이다.

(8) 물건을 파는 것이 아니라 하나의 라이프 스타일을 판다

소비자에게 상품으로 접근할 것이 아니라 이 소비자들에게 어떤 라이프 스타일을 제안할까라는 고민이 유통의 혁명도 생겨날 수 있고, 다양한 방법으로 소비자와의 접점을 찾을 수 있다.

2. 블루오션 레드오션

블루오션은 "감동"이다. 경쟁하지 않고 묵묵히 헌신하며, 모두 상생하는 사회를 추구한다. 사회가 한 단계 올라가고 성장하는 길은 오직 블루오션 창출뿐이다.

'블루오션' 이란 말 그대로 푸른 바다를 뜻한다. 어부라면 누구나 깊고 깨끗한 바다 속에 가득한 고기를 탐내게 마련이다. 오로지 엄청난 양의 물고기만 자유롭게 돌아다닐 뿐이다. 그래서 기업에는 이 푸른 바다가 '아직 개척되지 않은 대규모 시장'을 의미한다. 그곳에는 경쟁상대가 없다.

아직 개척되지 않은 시장이 블루오션이라면, 매일같이 치열한 싸움이 벌어지는 기존의 시장은 레드오션이다. 레드오션에서는 수많은 경쟁자들이 한정된 시장을 서로 빼앗으려 호시탐탐 쟁탈전을 벌인다. 그나마 시장이라도 넓으면 서로 나눠 먹으면서 공존할 수 있지만 시장의 성장은 언젠가 멈출 것이고, 수요보다 공급이 더 많은 상태에 놓일 것이다.

결과적으로 체력만 소모하게 되는 것이다. 당신은 블루오션과 레드오션 중 어느 쪽을 선택하겠는가? 당연히 블루오션일 것이다.

블루오션 전략이란 '지금까지 시장에 존재하지 않았던 새로운 수요를 창출하여 경쟁 상대가 없는 시장을 만드는 것'이다

■ 레드오션전략 VS 블루오션전략

- 레드오션전략

  기존의 한정된 수요시장(레드오션)을 대상으로 차별화나 비용절감 등의 경쟁을 통해 이윤을 극대화하는 전통적 경쟁전략이다.

- 블루오션전략

가치혁신을 통해 경쟁이 치열한 기존 시장이 아니라 새로운 시장(블루오션)을 창출하는 전략이다.

(예) 캐나다 서커스회사 "시르크 뒤 솔레이유"[5]는 사양화되고 있는 서커스 산업에서 기존 서커스단의 전통적 공연과 경쟁하지 않고 서커스에 연극·무용 등의 공연적 요소를 도입하여 스토리라인과 예술적 음악과 무용, 브로드웨이 뮤지컬 쇼의 시각적 재미 등이 추가된 새로운 개념의 작품을 개발해 서커스산업의 블루오션을 창출하였다.

1. 새로운 시장공간

① 레드오션은 오늘날 존재하는 모든 산업을 뜻한다. 블루오션은 현재 존재하지 않는 모든 산업을 나타내며 아직 우리가 모르고 있는 시장 공간이다.

② 기업은 한계를 뛰어넘어야 한다. 수익과 성장의 새로운 기회를 잡기 위해 블루오션을 창출해야 한다.

③ 지난 20년간 절대적 영향력을 미친 기업의 경영 전략 업무 포커스는 경쟁을 바탕으로 한 레드오션 전략이었다.

④ 블루오션을 위한 경영진의 분석적 프레임워크와 효과적 리스크 관리원칙

2. 지속적 블루오션 창출

① 블루오션이란 용어는 분명 새로운 것이지만 블루오션 자체가 과거에 존재

5) '태양의 서커스'는 1984년 캐나다 퀘벡에서 시작됐다. 현대공연 예술이 보여줄 수 있는 모든 것을 보여주는 것으로 유명하다. 미국을 비롯해 전 세계 상설 공연장과 순회 공연 등으로 벌어들인 돈만 작년 한 해 1조 원에 달한다. 지금까지 공연을 본 사람만 1억 명이 넘는다. 지난해 서울에서도 공연이 있었다.(http://www.ohmynews.com/ 발췌)

하지 않았던 것은 아니다.

② 산업은 제자리에서 가만히 있는게 아니라 지속적으로 진화 발전한다.

③ 북미산업표준(NAICS)은 과거 시스템 10개 분야를 20개로 확대했다.

④ 북미산업표준 분야: 정보산업, 건강관리, 사회복지 등 7개 비즈니스분야

3. 블루오션 창출의 절대적인 필요성

① 기업과 산업에서 전략적 이동까지 산업은 끊임없이 창조되고 시간이 흐르면서 확장된다.

② 산업의 조건과 경계선은 주어진 것이 아니라 개별 산업 주체들이 그 형태를 만들어간다.

4. 기업과 산업에서 전략적 이동까지

① 블루오션과 창출을 설명하는 정확한 분석 단위는 기업도 산업도 아니고 전략적 이동(Strategic move)인 것으로 나타난다.

② 전략적 이동은 주요 시장(비즈니스 기회)을 창출하기 위한 경영 실행과 결정을 말한다.

③ 전략적 이동이란 비약적인 수요 증가로 새로운 시장 공간을 열고, 이 시장을 장악하는 제품과 서비스를 만들어내게 하는 것이다.

5. 가치혁신: 블루오션 전략의 초석

① 구매자와 회사를 위한 가치 도약을 이뤄 새로운 비경쟁 시장 공간을 창출함으로써 경쟁 자체에서 벗어난다. 이것을 '가치혁신'이라고 부른다.

② 기업은 혁신을 유용성과 가격, 비용의 포지션으로 잘 배열할 때 생겨난다.

③ 가치혁신은 새로운 전략적 사고와 전략 실행 방법으로 블루오션을 창출하고 경쟁의 굴레에서 벗어나게 한다.

④ 블루오션 창출을 추구하는 기업들은 차별화와 비용우위를 동시에 모색한다.

⑤ 블루오션을 창출하면 구매자가 얻는 가치는 높아지고 동시에 비용은 낮아진다.

⑥ 구매자를 위한 가치는 기업이 구매자에게 제공하는 효용성과 가격에서 온다. 그리고 기업을 위한 가치는 가격과 비용 구조에 달려 있다.

※ 가치혁신은 효용성, 가격, 비용의 세 가지 시스템이 적절히 배합됐을 때 이뤄진다. 이 같은 전체적 시스템 접근법은 블루오션 창출을 지속적 전략으로 만들어준다. 블루오션 전략은 기업의 기능적·운영적 활동의 범위 등 전체 시스템을 통합하는 전략이다.

가치혁신은 혁신 이상이며 기업 활동의 전체 시스템을 포용하는 전략이다. 가치혁신을 이루기 위해 기업은 전체 시스템을 구매자와 회사를 위한 가치 도약의 방향으로 초점을 둘 필요가 있다. 가치혁신은 시장 경계선과 산업 구조가 주어진 것이 아니고 산업 참가자들의 행동과 믿음에 의해 재구축 된다는 관점을 바탕으로 한다. 기존의 가치와 비용의 상쇄관계를 깨고 블루오션 창출로 연결되는 새로운 최상의 실행 법칙을 만들어내는 것이다.

6. 블루오션 전략 체계화와 실행

① 리스크를 최소화하면서 동시에 체계적으로 기회를 극대화 블루오션 전략의 6가지 원칙

- 시장 경계선을 재구축하라
- 수치가 아닌 큰 그림에 주목하라

- 비고객을 찾아라
- 정확한 전략적 시퀀스를 만들어라
- 조직의 주요 장애를 극복하라
- 전략 실행을 전략화하라

② 이전 무엇보다 매력적인 것은 가치혁신을 위한 분석적 툴과 프레임워크에 있다.

③ 산업 모든 면에서의 전사적 차별화 전략으로 가치혁신을 통한 경쟁력 있는 새로운 산업 카테고리를 만든다.

④ 가치혁신을 통해 레드오션(치열한 경쟁으로 붉은 피를 흘려야 하는 경쟁시장, 산업)에서 경쟁 자체가 무의미한 블루오션을 창출한다.

워크시트 작성
레드오션 VS 블루오션의 개념과 사례를 들어 요약 정리해서 발표해 보기

Chapter

11

다가오는 4차 산업혁명

4차 산업혁명이란?

- 오늘날 우리는 4차 산업혁명의 시작점에 있다고 말할 수 있다. 디지털 혁명을 기반으로 한 4차 산업혁명은 21세기의 시작과 동시에 출현했다. 유비쿼터스 모바일 인터넷, 더 저렴하고 작고 강력해진 센서, 인공지능과 기계학습이 4차 산업의 특징이다.
- 4차 산업혁명은 단순히 기기와 시스템을 연결하고 스마트화하는데 그치지 않고 훨씬 넓은 범주까지 아우른다. 유전자 염기서열분석에서 나노기술, 재생가능에너지에서 퀀텀 컴퓨팅까지 다양한 분야에서 거대한 약진이 동시다발적으로 일어나고 있다. 이 모든 기술이 융합하여 물리학, 디지털, 생물학 분야가 상호 교류하는 4차 산업혁명은 종전의 그 어떤 혁명과도 근본적으로 궤를 달리한다고 볼 수 있다. 즉, 기계와 제품이 지능을 갖게 되었고, 인터넷 네트워크로 연결되어 있어 학습능력도 뛰어나다.
- 4차 산업혁명의 핵심기술 분야[자율주행차, 핀테크, 드론, 인공지능, IoT 및 클라우드 컴퓨팅 등이 융합된 CPS(Cyber-Physical System), 빅데이터, 사이버 물리 시스템]를 통한 만물 초 지능 기술혁명
- 기업들이 제조업과 정보통신기술(ICT)을 융합해 작업 경쟁력을 제고하는 차세대 산업혁명

빅데이터를 지배하는 통계의 힘

로널드 피셔

영어: Ronald Aylmer Fisher

현대 통계학의 아버지

- Fisher, R.A.(1890~1962)영국
- 피어슨의 영향을 받음
- 수리통계 기초를 세움
- 실험계획분야, 분산분석
- 모집단과 표본을 구별, 모집단에 관한 지식을 정밀한 소표본에 의하여 추정하는 방법을 수립, 추계 통계학을 창시하였다.
- 최대 가능도를 이용한 추정 방법을 최초로 제시해 근대 통계학 발전에 크게 기여하였다. 저서는 《노동자 조사에 관한 통계적 방법》, 《수학적 통계학에 대한 기고》 등이 있다. 안더스 할(Anders Hald)은 피셔를 "거의 혼자의 힘으로 현대 통계학의 기초를 만들어낸 천재"로 평가했다.

1. 빅데이터

1. 빅데이터의 정의

빅 데이터(Big data)란 단순히 어마어마하게 많은 양의 데이터를 말하는 것이 아니라 기존의 기업환경에서 사용되는 '정형화된 데이터'는 물론 메타정보와 센서 데이터, 공정 제어 데이터 등 미처 활용하지 못하고 있는 '반정형화된 데이터', 여기에 사진, 이미지처럼 지금까지 기업에서 활용하기 어려웠던 멀티 미디어 데이터인 '비정형 데이터'를 모두 포함한 것이다. 한마디로 빅데이터는 단순히 대용량 데이터 그 자체만을 지칭하는 것이 아니라 그 데이터를 효과적으로 처리하고 분석할 수 있는 기술에 더 초점을 둔 용어이다. 기업의 관점에서는 '가치를 생성할 수 있는 데이터'라 할 수 있다.

디지털 경제의 확산으로 우리 주변에는 규모를 가늠할 수 없을 정도로 많은 정보와 데이터가 생산되는 '빅데이터(Big Data)' 환경이 도래하고 있다. 빅데이터란 과거 아날로그 환경에서 생성되던 데이터에 비하면 그 규모가 방대하고, 생성 주기도 짧고, 형태도 수치 데이터뿐 아니라 문자와 영상 데이터를 포함하는 대규모 데이터를 말한다. 즉 기존 데이터베이스 관리도구로 데이터를 수집, 저장, 관리, 분석할 수 있는 역량을 넘어서는 대량의 정형 또는 비정형 데이터의 집합이다(위키백과 참조).

〈표 11-1〉 Big Data의 데이터 종류 및 구성

구분	설명	예
정형데이터	고정된 Item에 저장된 데이터, 관계형 데이터베이스 및 스프레드시트 등을 칭함	사무정보
비정형데이터	데이터, 덱스트 분석이 가능한 텍스트 문서 및 이미지/동영상/음성 데이터 등을 칭함	이메일 콘텐츠 SNS
반정형데이터	메타데이터나 스키마 등으로 표현할 수 있는 데이터, 사물정보나 현상을 RFID나 센서로 데이터 수집하여 정보화	XML HTML

2. 빅데이터의 등장배경

디지털 경제의 확산으로 우리 주변에는 규모를 가늠할 수 없을 정도로 많은 정보와 데이터가 생산되는 '빅데이터(Big Data)' 환경이 도래하고 있다. PC와 인터넷, 모바일기기 이용이 생활화되면서 사람들이 도처에 남긴 발자국(데이터)은 기하급수적으로 증가하고 있다. 대표적인 예로는 쇼핑이 있다. 과거에는 상점에서 물건을 살 때만 데이터가 기록되었다. 반면 인터넷쇼핑몰의 경우에는 구매를 하지 않더라도 방문자가 돌아다닌 기록이 자동적으로 데이터로 저장된다. 어떤 상품에 관심이 있는지, 얼마동안 쇼핑몰에 머물렀는지를 알 수 있다.

쇼핑뿐 아니라 은행, 증권과 같은 금융거래, 교육과 학습, 여가활동, 자료검색과 이메일 등 하루 대부분의 시간을 PC와 인터넷에 할애한다. 사람과 기계, 기계

와 기계가 서로 정보를 주고받는 사물지능통신(Machine to Machine; M2M)의 확산도 디지털 정보가 폭발적으로 증가하게 되는 이유다.

3. 빅데이터의 특징(3V)

빅데이터의 특징은 3V로 요약하는 것이 일반적이다. 즉 데이터의 양(Volume), 데이터 생성 속도(Velocity), 형태의 다양성(Variety)을 의미한다(O'Reilly Radar Team, 2012). 최근에는 가치(Value)나 복잡성(Complexity)을 덧붙이기도 한다.

이처럼 다양하고 방대한 규모의 데이터는 미래 경쟁력의 우위를 좌우하는 중요한 자원으로 활용될 수 있다는 점에서 주목받고 있다. 대규모 데이터를 분석해서 의미 있는 정보를 찾아내는 시도는 예전에도 존재했다. 그러나 현재의 빅데이터 환경은 과거와 비교해 데이터의 양은 물론 질과 다양성 측면에서 패러다임의 전환을 의미한다. 이런 관점에서 빅데이터는 산업혁명 시기의 석탄처럼 IT와 스마트혁명 시기에 혁신과 경쟁력 강화, 생산성 향상을 위한 중요한 원천으로 간주되고 있다(McKinsey, 2011).

가트너(미국의 IT리서치 회사)는 빅데이터의 주된 특징으로 크기, 다양성, 속도 등을 꼽았다.

(1) 크기(Volume): 데이터의 물리적 크기

ex) 기업데이터, 웹데이터, 센서데이터 등 페타바이트(PB) 규모로 확장된 데이터

(2) 다양성(Variety): 데이터의 형태

ex) 관계형 데이터 베이스(RDB) - 기존 기업 데이터 환경에서 사용

웹 로그(Web log: 웹 서버에 남은 사용자 데이터)나 기기 데이터

비정형 데이터 – 비디오, 이미지

* 빅데이터는 이 모든 데이터를 포함하기 때문에 이를 다룰 수 있는 기술이 필요하다.

(3) 속도(Velocity): 데이터 처리 능력

데이터를 수집 · 가공 · 분석하는 일련의 과정을 실시간 또는 일정 주기에 맞춰 처리할 수 있어야 한다.

(4) 빅데이터 환경의 특징

구 분	기 존	빅데이터 환경
데이터	• 정형화된 수치자료 중심	• 비정형의 다양한 데이터 • 문자 데이터(SMS, 검색어) • 영상 데이터(CCTV, 동영상) • 위치 데이터
하드웨어	• 고가의 저장장치 • 데이터베이스 • 데이터웨어하우스 (Data-warehouse)	• 클라우드 컴퓨팅 등 비용효율적인 장비 활용 가능
소프트웨어/분석방법	• 관계형 데이터베이스(RDBMS) • 통계패키지(SAS, SPSS) • 데이터 마이닝(data mining) • machine learning, knowledge discovery	• 오픈소스 형태의 무료 소프트웨어 • Hadoop, NaSQL • 오픈 소스 통계솔루션(R) • 텍스트마이닝(text mining) • 온라인 버즈 분석(opinion mining) • 감성 분석(sentiment analysis)

(5) 인터넷 기업의 등장과 글로벌 디지털 데이터 규모

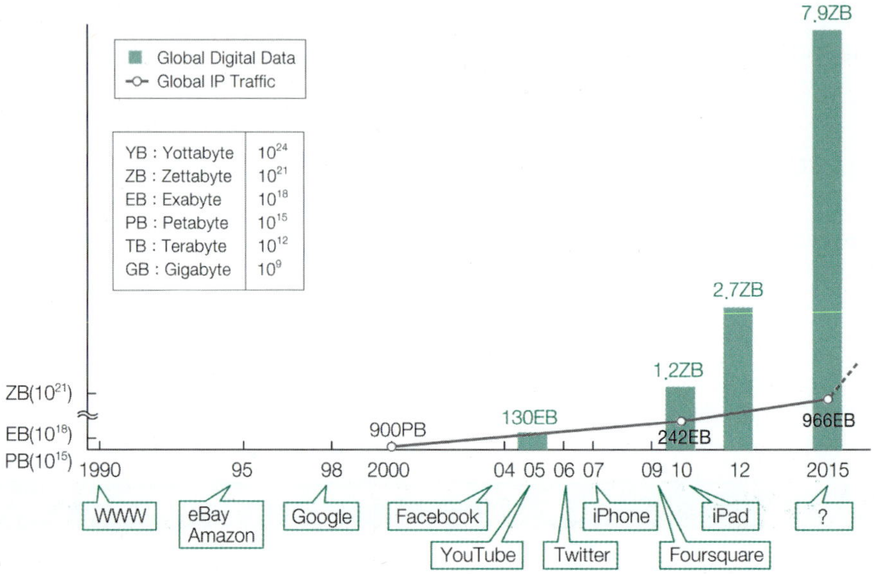

출처: 정용찬(2012a) 4쪽.

<빅데이터 기호체계>

기호	KB	MB	GB	TB	PB	EB	ZB	YB
이름	킬로 바이트	메가 바이트	기가 바이트	테라 바이트	페타 바이트	엑사 바이트	제타 바이트	요타 바이트
	1024B	1024KB	1024MB	1024GB	1024TB	1024PB	1024EB	1024ZB

4. 빅데이터의 장점과 단점

(1) 장점

① 예측이 가능하다. (소비자의 니즈를 파악하는 데 가장 많이 사용된다.)

② 편리성을 제공한다.

(2) 단점

❶ 사생활 침해

데이터를 수집하기 위해 개인의 통신정보, GPS정보, 구매이력, 의료정보 등을 확인하는 경우가 많아지면서 개인의 일상을 속속들이 알게 된다. 이것은 빅데이터의 악용을 막을 수 있는 적절한 법적 제도도 필요하다.

❷ 완벽하지 않은 예측(데이터라는 수치에만 의존하기 때문에 부정확하다)

빅데이터만을 100% 의존하는 것이 아니라 빅데이터를 바탕으로 재점검하는 습관을 가져야 한다.

→ 빅데이터가 정보화시대에 중요한 가치를 만들어내면서 빅데이터를 '원유'에 비유하고 있다. 빅데이터 없이는 정보화시대의 경쟁력을 갖출 수 없기 때문이다. 그만큼 큰 가치를 지닌 빅데이터를 안전하게 사용할 수 있도록 올바른 환경 조성이 필요하다.

5. 빅데이터 활용 방법

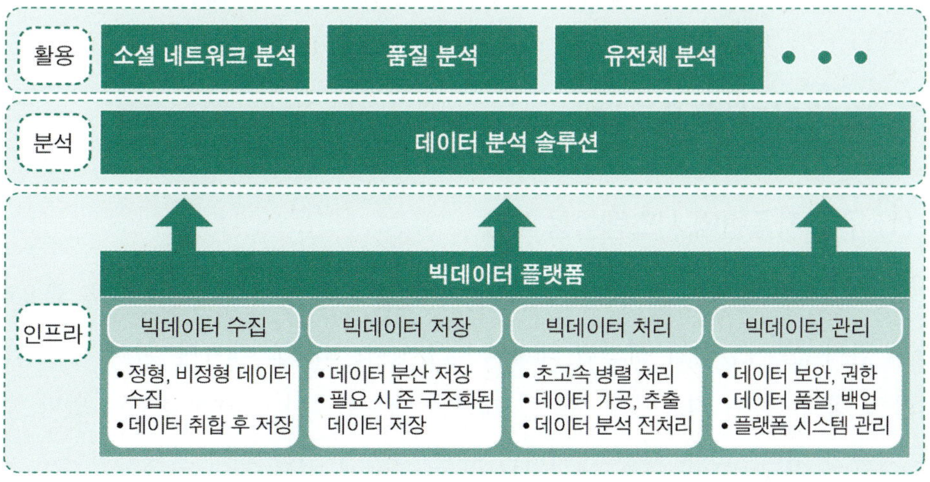

[그림 11-1] 빅데이터 활용 고객분석 사례

기업은 보유하고 있는 고객 데이터를 활용해 마케팅 활동을 활성화하는 고객관계관리(Customer Relationship Management; CRM) 활동을 1990년대부터 시작했다. CRM은 기업이 보유하고 있는 데이터를 통합하는 데이터웨어하우스(Datawarehouse), 고객 데이터 분석(Data Mining)을 통한 고객유지와 이탈방지 등과 같은 다양한 마케팅 활동을 진행하는 것을 뜻한다. 기업의 CRM 활동은 자사 고객 데이터뿐 아니라 제휴회사의 데이터를 활용한 제휴 마케팅도 포함한다. 최근에는 구매 이력 정보와 웹로그(web-log) 분석, 위치기반 서비스(GPS) 결합을 통해 소비자가 원하는 서비스를 적기에 적절한 장소에서 제안할 수 있는 기술기반을 갖추었다.

고객분석은 빅데이터 시대를 맞이해 전환점을 맞고 있다. 분산처리방식과 같은 빅데이터 기술을 활용해서 과거와 비교가 안 될 정도의 대규모 고객정보를 빠른 시간 안에 분석하는 것이 가능하다. 트위터와 인터넷에 생성되는 기업 관련 검색어와 댓글을 분석해 자사의 제품과 서비스에 대한 고객 반응을 실시간으로 파악해 즉각적인 대처를 시행하고 있다.

기업의 빅데이터 활용은 고객의 행동을 미리 예측하고 대처방안을 마련해 기업 경쟁력을 강화시키고, 생산성 향상과 비즈니스 혁신을 가능하게 한다(McKinsey, 2011).

6. 빅데이터 활용 사례

(1) 구글 자동번역 시스템활용 사례

구글은 수천만 권의 도서 정보와 유엔과 유럽의회, 웹사이트의 자료를 활용해 64개 언어 간 자동번역 시스템 개발에 성공했다. IBM도 캐나다 의회의 문서를 활용해 영어·불어 자동번역 시스템 개발을 기도했으나 실패한 경험이 있다. 이는 기술의 차이보다는 사용 데이터의 규모 차이에 의한 결과로 평가한다.

(2) 기업의 빅데이터 활용

기업의 빅데이터 활용은 고객의 행동을 미리 예측하고 대처방안을 마련해 기업 경쟁력을 강화시키고, 생산성 향상과 비즈니스 혁신을 가능하게 한다.

(3) 공공기관의 빅데이터 활용

맥킨지(Mckinsey)사는 의료, 소매, 제조, 개인 위치정보 이외에 공공분야도 빅데이터 활용 사례로 소개했다. 특히, EU의 공공행정 부문에서는 행정비용의 15~20%에 해당하는 최대 3,000억 유로의 비용 절감이 가능할 것으로 내다봤다. 이렇듯 공공기관의 입장에서도 빅데이터의 등장은 시민이 요구하는 서비스를 제공할 수 있는 기회로 작용하며, 이는 '사회적 비용 감소와 공공 서비스 품질 향상'을 가능하게 만든다.

(4) 다양한 국가의 빅데이터 활용

싱가포르와 미국 정부는 보안과 위험관리 분야에 빅데이터를 활용하고 있다.

싱가포르 정부는 재난방재와 테러감지, 전염병 확산과 같은 불확실한 미래를 대비하기 위해 2004년부터 국가 위험관리 시스템(RAHS)을 추진했다. 다양한 국가적 위험 데이터를 수집·분석해 사전에 예측하고 대응방안을 모색하고 있다.

미국 연방수사국(FBI)의 DNA 색인 시스템도 빅데이터 활용사례다. 빅DNA데이터를 활용해 단시간에 범인을 검거하는 시스템을 운영하고 있다.

구글은 독감과 관련된 검색어 빈도를 분석해 독감 환자 수와 유행 지역을 예측하는 독감 동향 서비스(google.org/flutrends)를 개발했다. 이는 미 질병통제본부(CDC)보다 예측력이 뛰어난 것으로 밝혀졌다.

오바마 정부가 추진한 필박스(Pillbox)프로젝트는 국립보건원(NIH) 전용 사이트를 통해 의약품 정보 서비스를 제공하고 제조사와 사용자 간 유기적인 정보 공유를 가능하게 했다. 이를 통해 후천성면역결핍증(AIDS) 등 관리 대상 주요 질병의 분포와 증감 현황 데이터를 수집 · 분석할 수 있게 되었다.

(5) 우리나라 기업의 빅데이터 활용

우리나라의 경우 최근 인터넷에 산재한 다양한 웹문서, 댓글 등을 통해 특정 이슈에 대한 시민의 의견을 분석해 대응책을 마련하는 오피니언 마이닝(opinion mining)을 도입하는 사례가 늘고 있다.

- 국민권익위원회의 '민원동향분석시스템', 국민연금공단의 '여론정보수집분석시스템'은 시민 고객의 의견을 분석해 불신을 해소하고 소통하기 위한 시도이다.
- 서울시장 보궐선거: 전통적인 여론조사 결과는 선거 당일까지 '박빙'의 승부를 예상했지만, 트위터 분석은 당선자 측의 우위를 예측하였다.
- **SPC그룹**: 날씨와 상품 판매량 분석 '날씨 판매 개발지수' 개발
- **CJ제일제당**: 트렌드전략팀 신설. SNS상 공유되는 정보 수집 빅데이터 수집. '알래스카 연어', '쁘띠첼' 마케팅에 활용
- **오리온–GS25**: 판매 데이터 분석해 인기 상품에 '오모리 김치찌개 라면'과 '스윙칩' 선호고객층 일치 확인. '유어스스윙칩 오모리김치찌개맛' 출시
- **매일유업**: 업계 최초 빅데이터 활용 유가공 공정 중 생산 · 에너지 최적화 추진. 유가공 스마트 공장 플랫폼 구축

7. 빅데이터의 전망과 현 상황

정보화사회의 도래로 빅데이터 시장은 급격하게 몸을 불리고 있다. 더불어 빅데이터 전문가를 꿈꾸는 사람들도 많아지고 있어 빅데이터 전문가 취업 비전에 따라 대학 전공들도 개설되고 있으며 전문 회사들도 증가 추세에 있어 시장이 활성화되고 있다.

빅데이터는 의료, 유통, 광고, 개인 생활 등 다양한 분야에서 활용이 가능하기 때문에 빅데이터의 전망은 밝은 편이다. 특히 기업에서는 소비자 마케팅과 생산성 향상에 빅데이터를 적극적으로 활용하고 있어서 빅데이터 전문가를 필요로 하고 있다.

빅데이터는 산업 전반에서 핵심 기술력으로 꼽히며 부상하고 있지만 아직까지 국내에서는 걸음마 단계에 불과하다. 빅데이터를 전문적으로 활용할 수 있는 전문 인력이 부족한 상태이며, 빅데이터 전문가 인재 양성에 있어서도 많이 부족한 상황이다.

8. 결론

빅데이터는 잘 쓰면 약이 되고 못쓰면 독이 되는 양면성을 가지고 있다. 페이스북, 트위터 등 빅데이터 수집방법이 다양화되는 만큼 법과 제도적인 장치도 국가적인 차원에서 마련하고 기업 스스로가 데이터 관리에 총력을 기울인다면 빅데이터가 독이 될 염려는 하지 않아도 될 것이다. 오히려 빅데이터의 가치가 증가할 뿐만 아니라 기술력이 향상되어 새로운 수익 모델을 창출하는 기회의 장이 될 수 있는 만큼 빅데이터 관리에 지속적인 관심과 노력을 기울일 필요가 있다.

워크시트) 정부3.0 공공데이터포털
빅데이터 활용 실습 해보기
https://www.data.go.kr/

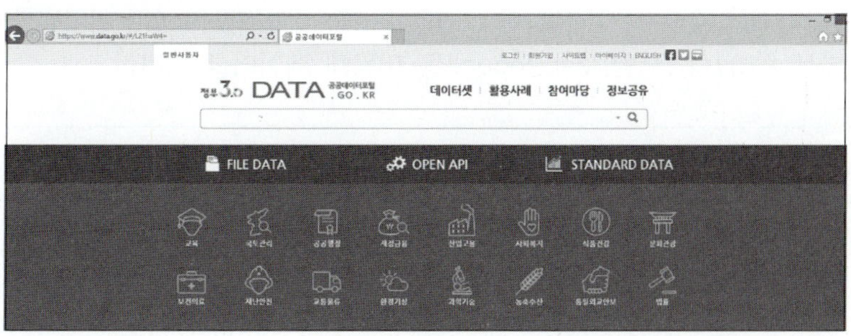

빅데이터 용어

하둡(hadoop)

- 하둡은 대용량 데이터를 분산 처리할 수 있는 자바 기반의 오픈소프 프레임워크
- 분산 파일 시스템인 HDFS(Hadoop Distributed File System)에 데이터를 저장하고, 분산 처리 시스템인 MapReduce를 이용해 데이터를 처리함

2. 사물인터넷(IoT, Internet of Things)

*사물인터넷 이란?

- 사물인터넷은 최근 갑자기 등장한 개념이 아니라 꽤 오래 전부터 존재해왔다. 그동안 수많은 이름으로 설명되었는데, 기술 발전에 따라 점차 그 기술과 개념이 진화하고 있다. RFID/USN, M2M(사물지능통신) 등이 바로 그 대표적 개념들이다.
- 사물인터넷이라는 용어는 1999년 매사추세츠공과대학(MIT)의 오토아이디센터(Auto-ID Center) 소장 케빈 애시턴(Kevin Ashton)이 향후 RFID(전자태그)와 기타 센서를 일상생활에 사용하는 사물에 탑재한 사물인터넷이 구축될 것이라고 전망하면서 처음 사용한 것으로 알려져 있다.
- '사물인터넷이 기술인가, 하나의 패러다임인가?'라는 논의는 현재도 분분하다. 사물인터넷에 대한 정의도 분야별로 차이가 있으며, 때론 매우 추상적이기까지 하다. 다음은 2014년 미래창조과학부에서 정의한 사물인터넷의 개념이다.

사물인터넷(Internet of Things, IoT)은 사람 · 사물 · 공간 · 데이터 등 모든 것이 인터넷으로 서로 연결되어, 정보가 생성 · 수집 · 공유 · 활용되는 초연결 인터넷

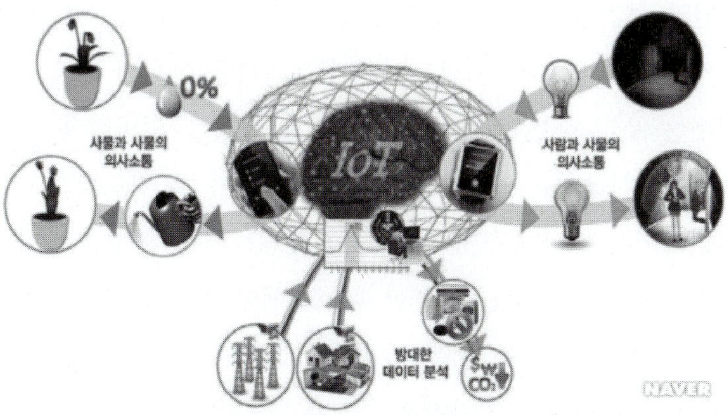

〈사물인터넷 기업 사례〉

▣ IoT 사물인터넷 기업. 한국의 스타트업 회사 '웨이'

웨이는 피부에 대는 것만으로 수분 상태, 자외선 지수 등을 측정하여 피부상태를 분석해주는 제품이다. 이 제품을 만든 회사는 2015년 초 시제품과 제품 사용 영상을 만들어 발표한 뒤 50일 동안 1억 원어치가 넘는 선주문을 받았다. 사물 인터넷 기기와 앱을 연동해 피부 상태를 단 2초 만에 파악할 수 있는 이 제품에 전 세계 화장품, 전자 대기업들의 투자 문의가 쇄도 했고, 국내 대기업으로부터 30억 원의 투자를 받았다. 창업 1년 만의 일이었다. 콤펙트한 디자인과 기술력도 매력적인 요소였지만 제품보다 더 중요한 것은 데이터였다. 환경이 피부에 미치는 영향이나 지역별 피부 특성과 같은 데이터들이 축적되면 스킨케어 제품개발 등에 활용할 수 있기에 회사의 미래가치를 높게 평가받은 것이다. 이처럼 큰 기업이 작은 스타트업을 찾아오는 역전 현상은 심심치 않게 일어 난다.

1. 사물인터넷의 개념 및 정의

사물인터넷의 사물은 'Internet of Things'를 한국어로 번역하면서 생긴 용어다. 사전적으로는 '일과 물건을 아울러 이르는 말', '물질세계에 있는 구체적이며 개별적인 모든 존재를 통틀어 이르는 말', '사건과 목적물을 아울러 이르는 말'로 정의되지만, 여기서는 우리 주변의 유형 · 무형의 모든 것을 의미한다. 즉 우리가 주변에서 흔히 보고 사용하는 모든 유형의 것으로, 사람 · 자동차 · 교량 · 전자기기 · 자전거 · 안경 · 시계 · 의류 · 문화재 · 동식물 등 자연 환경을 이루는 모든 물리적 객체에서 컴퓨터에 저장된 다양한 데이터베이스, 인간이 행동하는 패턴 등 가상의 모든 대상도 포함되는 매우 광범위한 개념이다.

사물인터넷의 정의는 인터넷을 기반으로 모든 사물을 연결하여 사람과 사물, 사물과 사물 간의 정보를 상호 소통하는 지능형 기술 및 서비스를 말한다.

2. 사물인터넷의 등장배경

사물인터넷은 최근 갑자기 등장한 개념이 아니라 꽤 오래 전부터 존재해왔다. 그동안 수많은 이름으로 설명되었는데, 기술 발전에 따라 점차 그 기술과 개념이 진화하고 있다. RFID/USN, M2M(사물지능통신)등이 바로 그 대표적 개념들이다. 영어 머리글자를 따서 '아이오티(IoT)'라 약칭하는 이 용어는 1999년 메사추세츠 공과대학(MIT)의 오토아이디센터(Auto-IDCenter) 소장 케빈 애시턴이 향후 RFID(전자태그)와 기타 센서를 일상 생활에 사용하는 사물에 탑재한 사물인터넷이 구축될 것이라고 전망하면서 처음 사용한 것으로 알려져 있다. 이후 시장분석 자료 등에 사용되면서 대중화되었다.

3. 사물인터넷의 목적

사물인터넷은 기본적으로 모든 사물을 인터넷으로 연결하는 것을 의미한다. 하지만 정말 중요한 것은 '어떻게 인터넷으로 연결할 것인가?'보다는 '왜 인터넷으로 사물들을 연결하는가?'에 있다.

사물인터넷의 궁극적 목적은 우리 주변의 모든 사물을 인터넷 연결을 통해 사물이 가진 특성을 더욱 지능화하고, 인간의 최소한의 개입을 통해 자동화하며, 다양한 연결을 통한 정보 융합으로 인간에게 지식과 더 좋은 서비스를 제공하는 데 있다. 이를 위해서는 기존 인터넷에서 추구하던 컴퓨터의 연결이 아니라, 인간 · 사물 · 공간 · 무형의 데이터 등을 서로 연결하고 이로부터 수집된 다양한 정보를 분석하고, 서로 공유하도록 하는 것이 중요하다.

4. 사물인터넷의 특징

사물인터넷을 이루는데는 지능을 사진 사물, 연결과 소통, 새로운 가치 제공 이 3가지 공통요소가 필요하다. 서울의 버스 시스템을 예로 들면,

❶ **지능을 가진 사물**: 서울 버스들은 각자 LBS(위치기반)를 기반으로 한 GPS (위치파악)와 무선 통신 장비를 통해 계속해서 신호를 만들어내고 있다.

❷ **연결과 소통(네트워크)**: 이 신호를 만드는 것에 그치지 않고 버스의 위치를 중앙 교통 서버에 위치정보를 계속해서 보내고 연결된 상태를 말한다.

❸ **새로운 가치 제공(가치있는 정보)**: 버스 이용자들은 '서울 버스'라는 어플리케이션을 이용하여 혹은 정류장에 설치된 단말기에 버스 도착 시간을 나타내면서 가치 있는 정보를 만들어 낸다.

5. 사물인터넷의 장점과 단점

(1) 장점

❶ 인간생활을 더욱 윤택하게 만들어 준다

데이터 분석을 통해 생활 편의를 해결해 주고 앞으로의 나갈 방향까지 제시해 줄 수 있다.

❷ 사업성이 매우 뛰어나다

우리 생활에 부딪히는 불편함에 새로운 아이디어와 사물인터넷을 결합한 제품을 개발해 낸다면 수 많은 아이템들이 쏟아져 나와 그 사업성은 매우 높을 것이다.

❸ 사물인터넷은 과학 기술의 부작용조차도 해결 가능한 것으로 판단된다

장기적이고 주기적인 지구 모니터링은 지구 온난화의 결과를 예측하고 미리 대비할 수 있는 근거를 제공해 주고, 인간과 함께하는 반려 기술은 현대인의 소외감과 우울함을 파악하고 이를 해결하기 위한 서비스를 제공하기도 한다.

(2) 단점

❶ 개인정보 보호, 보안, 요금체계

사물인터넷을 경유하는 모든 정보는 외부의 해킹이나 불법적인 사용으로부터 보호되어야 하고, 지금보다 더 많아질 개인 정보들도 완벽하게 보호받아야 한다. 또한 기기들이 생성하는 다량의 정보는 적절한 절차를 거쳐서 공유될 수 있도록 제도와 규정 제정이 필요하다.

❷ 악용의 위험

사물인터넷이 활성화될수록 나의 사생활이 기록되는 것이기 때문에 나쁜 목적으로 사용될 경우에는 일종의 '감시'가 될 것이다.

6. 사물인터넷의 사례

❶ **드론택배서비스**: 물류시스템의 요소를 사물인터넷에 결합한 사례로 고객의 주문을 제외하고는 모두 사물인터넷을 통해 운송과정이 무인화될 것이며 최소 1,2일이 걸렸던 운송기간은 단 몇 시간으로 줄어들 수 있을 것이다.

❷ **비행기**: 운항 중 엔진의 고장이 예상될 경우 이상 정보에 관한 데이터를 전송하여 엔진 본사에서 원격으로 조치를 취하거나 자동으로 지상 서비스팀을 배치시켜 고장에 관련된 부품을 준비할 수 있도록 할 것이다.

❸ **LGU+**: IoT도어락, 조명, 가스, 전기를 통제하는 스마트 그리드

❹ **버스, 기차(도시 및 공공분야)**: 사물의 위치를 추적하여 서비스의 품질을 높이고 운행비용을 줄여 가치를 창출

❺ **자동현금인출기(ATM)**: 1974년도부터 시작하여 기계가 온라인에 연결되었다. ATM은 사물인터넷의 대표적인 첫 시작 사례이다.

❻ **SK PLANET. Syrup**: 스마트 월렛으로 여러 장의 카드정보를 하나의 어플리케이션에 입력해 여러 장의 플라스틱 카드를 가지고 다닐 필요가 없는 가상지갑 어플리케이션이다.

❼ **스마트워치**: 지금까지 단순히 시간을 보는 용도의 시계를 넘어서 라이프스타일에 한층 더 편리함을 가져다 준 제품이다.

❽ **자율주행자동차**: 지금까지 자동차는 사람과 물건을 운반하는 하나의 기계로 보았으나, 앞으로는 움직이는 전자기기로 분류될 것이다.

7. 사물인터넷의 전망(표준화)

사물인터넷을 우리 생활에 가져오려면 이것을 표준화하는 과정을 반드시 거쳐야 한다. 그렇다면 사물인터넷을 지원하는 디바이스, 제품 및 서비스를 위한 사용자 인터페이스 표준화 과정에서 유념하여야 할 점들은 다음과 같다.

- 사용자와 상호작용을 할 지능형 사물(예: 전등 스위치, 실내 온도 조절기, 스피커, 냉장고, 세탁기 등)에는 화면이 없거나, 크기가 아주 작은 화면이거나 혹은 정형화되지 않은 크기의 화면을 가지는 등 기존의 컴퓨터와 유사한 디바이스에서 사용하던 모니터, 키보드 및 마우스와 비교하여 전혀 다른 형식의 사용자 인터페이스가 매우 다양하게 존재하고 상호작용 방식도 매우 새롭다.
- 사용자 인터페이스를 통한 상호작용 방법도 다양하여, 터치 스크린, 카메라를 사용한 제스처 인식, 동작 및 자세 인식, 음성 인식, 사용자의 생체 정보

(예: 체온, 심박수, 호흡 등) 인식 등이 있으며, 이들의 다양한 조합으로 구성될 수 있다.

- 대부분의 사물인터넷 기반 기술은 기존에 존재하던 전등 스위치, 실내 온도 조절기, 가전 제품 등과 같은 사물에 컴퓨터를 심는 방식을 택하므로, 기존의 사물을 제조하고 사용하던 방식에 맞추어 사용자 인터페이스가 개발이 되고 상호작용이 이루어져야 한다.
- 사용자 그룹은 기존에 사물을 사용하던 방식을 그대로 사용하면서, 쉽고 편하고 우아하게, 사물인터넷 기반 기술을 활용하고 싶어한다. 따라서, 사물의 속성 및 사용 방식에 대한 깊은 연구가 필요하다.

  → 따라서, 사물인터넷을 지원하는 제품이나 서비스를 개발하는 과정에서, 개별 기술 차원이 아닌 종합적이고 거시적인 차원에서 접근하여야 하고, 어린이와 노약자 등 다양한 계층의 사용자를 고려한 사려 깊은 설계가 필요하다. 또한 사용자에게 인지 장애나 부담을 주지 않도록 일관성이 있고 표준화된 사용자 인터페이스를 개발하는 것이 필요하다.

Chapter

12

성공한 창업가

1. 푸드트럭 창업이란?

푸드트럭 창업은 소자본 창업의 대표적 유형 중 하나라고 할 수 있다.

푸드트럭의 특징은 소형 트럭을 개조해 음식을 조리, 판매하는 차량으로서, 국내에서는 불법 노점상과 비교되고 위생적으로도 더럽다는 인식이 강하지만 외국에서는 이미 활성화된 외식 분야로 자리 잡았다. 출퇴근 시간에 푸드트럭에서 음식을 사서 간단히 끼니를 때우거나 점심을 즐기는 사람을 흔히 볼 수 있다. 하지만 국내 푸드트럭에서 가장 많이 선보이는 메뉴는 누구나 좋아하는 타코야키, 꼬치, 커피, 토스트 등 재료값이 싸고 조리법이 간단하며 조리시간이 짧은 게 특징이다.

푸드트럭의 가장 큰 장점은 초기자본이 저렴하다는 것이다. 소형 트럭과 조리시설만 갖추면 누구나 쉽게 운영할 수 있다. 다른 장점은 기동성이 좋다는 것이다. 기존 노점상의 경우 바퀴가 달려 이동이 가능하지만 무게가 무겁고 직접 끌어야 된다는 단점이 있어 한정된 곳에서만 장사를 할 수 있다. 하지만 푸드트럭은 자동차로 어디든 쉽게 움직일 수 있다.

2. 푸드트럭 창업의 성공전략 & 주의사항

푸드트럭 창업이 2014년 합법화된 이후 전국적으로 영업허가를 받은 푸드트럭은 200여 대 정도에 불과하다. 하지만 대다수는 잠정휴업상태이다. 원인은 목 좋은 상권 내 진입이 어렵기 때문이다. 푸드트럭의 가장 큰 장점이라고 할 수 있는 이동식 영업은 아예 불가능하고, 허가된 장소에서만 영업해야 하는데, 그나마도 한적한 공원이 대부분이다. 유원지, 도시공원 , 체육시설, 하천 , 대학 캠퍼스, 고속도로 졸음 쉼터뿐 아니라, 국가 지자체 공용재산과 지자체가 조례로 정하는 장소까지 점차 확대되고 있기는 하지만, 실제 영업이 가능한 곳은 많지 않다. 푸드트럭 창업자들은 입지선정에 난관을 겪고 있다. 그렇다면 푸드트럭 창업에 성공할 수 있는 전략은 무엇일까?

성공전략

1) 맛은 기본, 스토리를 담아라
2) 부담 없는 가격의 독창적인 메뉴
3) 끊임없이 소통하고, 위생적으로 더욱 고급지게!

주의사항

푸드트럭 창업의 주요 주의사항에 대해 설명하자면, 과도한 투자는 금물이다. 푸드트럭은 대표적인 소자본 창업으로 꼽힌다. 하지만 차량 개조비용 등 만만찮은 비용이 드는 것 또한 사실이다. 주방설비 등 각종 집기류 비용을 더하면 중고로 준비해도 최소 1천만 원은 훌쩍 넘기게 되는데, 인테리어나 디자인 등을 추가로 고려한다면 발생하는 추가비용 또한 만만치 않게 든다. 이에 대해 전문가들은 불필요한 자금을 많이 들이지 않고 본질에 집중해야 한다고 한다. 또한, 푸드트럭이 합법화됐다고 모든 곳에서 아무렇게나 운영하면 안 된다. 필요할 경우 지자체가 조례를 제정해 원하는 곳에 푸드트럭 영업장소를 지정할 수 있다.

3. 국내 푸드트럭 성공사례 – 캠퍼스 푸드트럭

대국민 남녀노소가 즐겨보는 MBC 예능프로그램 '무한도전'에서 멤버들이 100만 원의 자본금을 갖고 돈을 버는 미션을 수행하는 편이 방영된 적이 있다. 이 중 개그맨 정준하는 조그만 조리시설을 갖춘 푸드트럭을 이용해 닭꼬치 등 음식을 판매했었고 서울 시내에서 유동인구가 많은 곳 중 하나인 강남역에서 그는 하루 만에 200만 원에 가까운 매출을 올렸다. 또한, 캠퍼스 앞에서도 장사를 하여서 많은 사람들이 몰렸으며, 재료비, 트럭 임대비 등을 제외했더니 순이익은

15만 원이었다. 하루에 16만 원을 번다고 가정하고 매달 20일 가량 일하면 320만 원을 벌 수 있다는 계산이 나온다. 많은 청년들이 푸드트럭 창업에 관심을 가지고 있는데, 정준하가 번 수익은 더욱 더 관심을 크게 가지게 할 만한 수익이었다.

국내 푸드트럭의 성공사례들은 적지도 않고 그렇게 많지도 않지만 그 중에 요즘 새롭게 주목받고 인기 있는 캠퍼스 푸드트럭에 대해서 소개한다.

대구 구미대학교 캠퍼스 내 '한량 토스트' 푸드트럭 사진

대구의 구미대학교는 청년일자리 창출사업 일환으로 추진하는 '캠퍼스 푸드트럭'이 학생들로부터 좋은 반응을 얻고 있다. 구미대학교에서 푸드트럭 창업을 하고 있는 사람은 올해 구미대 전기에너지과를 졸업한 전재환(26) 씨이다. 최근 청년 CEO로 선발돼 '한량 토스트'라는 상호의 토스트 전문매장을 열었다. 캠퍼스 본관 앞에서 영업을 시작하였으며, 주말을 제외하고 하루 40만 원 안팎의 매출을 올리고 있다. 치즈, 소시지 등의 토스트를 2000~2500원에 판매하고 있다. 창업자는 창업에 꼭 도전해 보고 싶어서 시작했고, 지금은 단골이 생길 정도로 반응이 좋아 향후 토스트 푸드트럭의 체인점도 구상하고 있고 구미대학교 캠퍼스 내에서 푸드트럭을 운영하며 재료값도 얼마 들지 않고 대학생들이 공강 시간에 간단히 먹기 좋고 소비하는 사람의 입장에서도 가격이 저렴해서 부담되지 않고, 푸드

트럭을 운영하는 사람도 하루에 큰 매출을 올리고 있으니, 앞으로도 계속 인기를 몰아갈 것이며, 캠퍼스 내 푸드트럭을 운영하는 것은 푸드트럭에 입지에 적합한 장소이다.

4. 해외 푸드트럭 성공사례 '유타 컵밥' 소개 & 성공전략

간단한 '컵밥'은 소자본 창업의 정석이라고 말할 수 있다. 부담 없이 시작하는 소자본 창업아이템으로 컵밥이 인기몰이를 하고 있으며, 예비창업자들이 많은 관심을 보이고 있다고 한다. 해외에서 우리나라의 음식 '컵밥'으로 대성공한 한국인들이 운영하는 '유타 컵밥' 푸드트럭에 대해 알아보자.

미국 유타 주에서 푸드트럭 '컵밥' 으로 인기를 끌고 있는 한국인(송정훈, 김종근, 박지형)

2015년에 다큐 공감 〈한국 컵밥, 미국 유타를 사로잡다〉 편이 방영됐던 적이 있었는데, 한국의 젊은이들이 대표 길거리 음식 중 하나인 컵밥으로 미국에서 월 매출 1억 8천만 원의 성공을 이룬 한국청년들의 이야기이다.

미국 서부 유타 주, 모르몬교의 진원지로 잘 알려진 이곳에서 우리나라 길거리 음식 컵밥으로 푸드트럭 창업의 역사를 새로 쓴 3명의 한국인 청년들이 있다. 이 중 미국 유타 대학에 입학한 한인 유학생 38세 송정훈 씨는 우연히 들른 음식축제에 한국음식이 없다는 사실을 발견하고 미국인이 좋아할만한 한국음식에 대해 생각했고 노량진 고시생들의 길거리 음식으로 알려진 컵밥에 주목하였으며, '노량진 컵밥'으로 미국인들의 입맛을 사로잡기로 결심한 3명의 청년들은 'CUP BOP' 이란 타이틀로 대접 같은 종이컵에 쌀밥, 잡채, 고기를 담고 소스를 얹어 컵밥 푸드트럭을 시작했다.

유타 컵밥의 성공전략

유타 컵밥의 성공전략

❶ 가장 한국적인 맛, 한국의 매운 맛

먹을수록 빠져드는 중독성 강한 매운 한국식 소스 맛에 주목한 그들은 한국 고유의 고추장과 간장으로 소스를 만들고, 1부터 10까지 10단계의 매운 맛 소스를 준비해 취향에 맞게 매운 맛을 선택할 수 있도록 했다.

❷ 한국 정서를 담은 덤 문화

SNS를 통해 찾아오거나 한국말을 배워 오는 손님들에게 고마움의 표시로 시작한 '덤'이 이제는 컵밥 푸드트럭의 매력적인 서비스로 자리 잡았고 만두 한 접시, 잡채 한 접시의 덤이 가져다주는 매력, 우리나라의 덤 문화가 미국인들의 마음을 사로잡았다.

❸ 30초 전략

재빨리 메뉴를 제공하는 서비스이다. 즉, 30초 전략이다.

컵밥 푸드트럭을 시작한 지 단 2년만에 유타 주 120여 대 푸드트럭 중 가장 놀라운 성장세를 보였다. 한국 청년들의 CUP BOP 푸드트럭은, 3대의 트럭으로 일주일에 35곳을 돌며, 월 매출 1억 8천만 원을 올려 컵밥, 컵밥 푸드트럭으로 이슈를 모았다. 이들은 푸드트럭 중 최초이자 유일하게 미국 유타 주 축구 경기장에도 초대 받았고, 이들은 열심히 일하기보다 즐겁게 일하는 것이 특징이며, 비보이 출신인 송씨는 손님들의 대기 시간이 길어질 때마다 춤 실력을 뽐내며 작은 공연을 선보이면서 미국인들의 관심을 더욱 받으면서 소자본 창업 중 하나인 푸드트럭, 많은 한국 청년들이 푸드트럭 창업을 계획 중이라면, 이들에 전략에 주목할 필요가 있다.

미국인들의 '유타 컵밥' 사랑이 담긴 SNS 사진들

해외사례 1. 사카이 이삿짐센터

일본 전역을 달리는 사카이 이삿짐센터의 이삿짐 운송 트럭, 미스코트 팬더가 그려져 있어 친근한 느낌을 준다.

1. 사카이 이삿짐센터 창업자

다시마 겐이치로(田島憲一郎)

2. 사카이 이삿짐센터의 발단배경

사카이 이삿짐센터는 1971년 11월 창업해 올해로 47년째 이어져 내려오고 있다. 본사는 오사카(大阪) 부 사카이(堺) 시에 있다. 사카이는 오사카 부 남쪽에 있는 도시로, 오사카만에 면해 있다. 일찍이 무역항으로 발전해 중세부터 일본에서 가장 크고 중요한 항구였다.

사카이 이삿짐센터는 오사카를 중심으로 영업을 시작해 지금은 위로는 홋카이도(北海道), 아래로는 오키나와(沖繩)까지 일본 전역으로 영업 영역을 확장했다.

3. 사카이 이삿짐센터의 성장과정

다시마 겐이치로(田島憲一郎) 회장은 1971년 오사카부 사카이시에서 34세의 나이로 사카이 이삿짐센터를 창업했다. 처음엔 아버지 다시마 신이치로(田島新一郎)가 세운 '신카이(新海)상운' 영업소에서 지역 거래처를 확보해 화물 자동차 운송 사업을 시작했다. 그러나 기업 화물을 실어 나르는 이 사업은 경쟁이 치열했다. 다시마 회장은 대부분 개인인 불특정 다수의 고객을 상대하는 '이사'에 주목했고, 이삿짐센터 시장 성장을 예상하고 '아이 이삿짐센터'를 1979년 세웠다. 1989년 자회사였던 야시마(八洲)운송과 합병하면서 상호를 '사카이 이삿짐센터'로 변경했다.

다시마 회장이 아버지의 회사에서 독립해 처음 사업을 시작했을 때에는 가진 게 없었다. 일본 경제매체 주간 〈다이아몬드〉에 따르면 그는 "아버지에게서 받은 부서질 것 같은 중고차 2대가 전부였다"고 말했다. 중고차는 매일 고장 났고

밤에 차를 고치고 낮에는 주변 기업을 방문해 영업했다. 당시 법인 상대 운송업은 대금의 절반만 현금으로 받고 나머지는 약속어음으로 받았다. 그래서 항상 자금난에 시달렸지만, 아버지는 도움을 주지 않았다. 보증은 서준다고 했지만 은행은 자금을 대출해 주지 않았다. 다시마 회장은 대출을 받으러 간 은행에서 응접실이 아닌 창구에서 상담한 일을 잊을 수 없다고 한다.

자금난을 겪던 다시마 회장은 1974년 기업 화물을 운송하지 않는 토 · 일요일에 이사 사업을 하기로 했다. 이삿짐센터 사업을 시작했지만 홍보할 돈이 없어 합판을 사와 페인트를 칠해 간판을 만들었다. 이 간판을 새벽 3시에 일어나 주택가 근처 전신주에 걸었다. 허가 받지 않은 간판이므로 철거되면 다시 걸었다. 이렇게 홍보를 하자 성과가 나오기 시작했다. 오사카 부의 센보쿠(泉北) 지역에 뉴타운이 건설됐지만, 경쟁 이삿짐센터가 적었다. 다시마 회장은 다른 업체와 달리 진심을 다해 이삿짐을 날랐고, 입소문을 타고 새로운 고객이 계속 생겨났다. 이사는 기업 시장과 달리 현금이 손에 들어오는 사업이어서 더 좋았다. 그는 이사 전문 업체 '아이힛코시센터'를 설립했다. 현재의 사카이힛코시센터다.

사업이 적정 궤도에 오르자 다시마 회장은 전국 확장을 꾀했다. 먼저 오사카 인근 고베(神戶) · 교토(京都)에 1984년 지점을 냈고, 1986년에는 도쿄 옆 요코하마로 진출했다. 그는 브랜드를 알리기 위해 '이사는 이사의 사카이'라는 TV 광고를 내보냈다. 광고가 성공하면서 전국적인 인지도를 얻었다. 당시 일본에서 이사 사업은 대표적인 3D(더럽고 힘들고 위험한) 일이어서 직원들의 서비스 수준이 높지 않았다. 고객 불만도 많았다. 다시마 회장은 1984년 고객만족도 조사 활동을 시작해 고객에게서 직원의 서비스를 평가받았다. 덕분에 직원의 윤리 의식도 높아졌고 새로운 서비스 개발로 이어졌다.

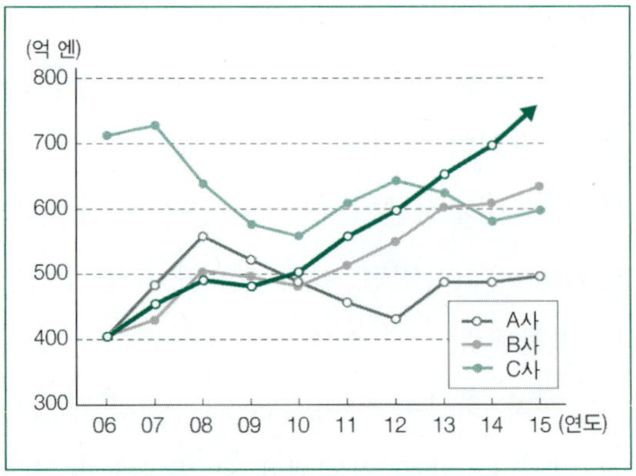

사카이 이삿짐센터와 경쟁사 매출액
출처: 사카이 이삿짐센터

4. 사카이 이삿짐센터의 성공비결

- **성공비결 1.** 숙달된 직원의 안전하고 신속한 서비스
- **성공비결 2.** 일관 이사 시스템 구축
- **성공비결 3.** 이사 연관 기업과 제휴 체결
- **성공비결 4.** 맞춤형으로 세분화된 이사 프로그램

사카이 이삿짐센터는 이사 상황에 맞춰 7가지 코스를 준비해 놓고 있다.

① '편안한 코스 프리미엄'은 가장 비싼 코스다. 사카이 이삿짐센터와 다스킨이 협력해 이삿짐을 싸고 푸는 것과 새집 청소까지 한번에 제공한다. 이삿짐을 새집에 배치한 후 다스킨 직원이 집 안을 청소한다. 이사 후 3개월 이내에 다시 다스킨 직원이 방문해 살면서 더러워진 곳이나 신경 쓰이는 곳을 우선적으로 청소하고, 6개월 이내에 다시 방문해 지난 번과 다른 곳을 청소한다. 회사 측은 가족 중 임신부가 있거나 고령자가 있어 이사 부담이 큰 경우, 또는 이사한 첫날부터 깨끗하게 정돈된 집에서 살고 싶은 고객에게 이 코스를 추천한다.

② '편안한 A코스'는 식기와 가구 등 모든 것을 포함하는 포장이사 서비스다. 포장 전문 직원이 식기류와 작은 도구 포장을 담당하고 나중에 새집에서 풀어준다.

③ '편안한 B코스'는 살던 집의 모든 것을 사카이 이삿짐센터 직원이 포장하고, 새집에서 짐을 풀 때 작은 물건은 집 주인이 배치하는 코스다.

④ '편안한 C코스'는 식기류와 대형 가전을 포장하고 새집에서 풀어 놓을 때 사카이 이삿짐센터가 도와주는 코스다. 대부분의 이삿짐을 고객 본인이 포장하는 만큼 이사 비용이 줄어들어 돈을 아끼고 싶은 경우 선택하면 된다.

⑤ '절약 코스'는 대형 가구의 포장과 배치만 도와주는 코스다. 시간 여유가 있고 체력에 자신이 있는 경우, 짐이 적은 경우, 사생활을 보호하고 싶은 경

우에 권한다.

⑥ '합승 코스'는 극단적으로 비용을 줄인 이사 서비스다. 특별히 이사 일을 정하지 않아도 되고 짐이 적은 경우 이사하는 방향이 비슷한 다른 고객과 함께 짐을 실어 나르는 코스다. 지방의 본가로 돌아가는 이사여서 이삿짐 도착에 여유가 있는 고객이 여기에 해당된다.

⑦ '재건축 코스'는 살던 집을 다시 짓는 등의 이유로 이삿짐을 다른 곳에 오랫동안 두어야 할 때 사카이힛코시센터가 보관해 주는 서비스다.

해외사례 2. 엘론 머스크

1. 눈치 보지 않기로 소문난! 엘론 머스크(Elon Musk)

- **출생:** 1971년 6월 28일 남아프리카공화국
- **소속:** 테슬라모터스(CEO), 스페이스엑스(CEO), 솔라시티(회장)
- **경력사항:** 1995년 집투 설립
  1995~1999 집투 CEO
  1999 엑스닷컴 설립
  1999~2000 엑스닷컴 이사회 의장
  1999~2001 엑스닷컴 CEO
  2000 페이팔 CEO
  2000~2002 페이팔 이사회 이사
  2002.6 스페이스엑스 설립
  2002.6~ 스페이스엑스 CEO
  2003~ 테슬라모터스 CEO, 솔라시티 CEO
- **학력:** 퀸스대학교킹스턴교
  펜실베이니아대학교 경제학 학사

스탠퍼드대학교 대학원 중퇴

엘론머스크의 생애는 모든 사람이 '현존하는 아이언맨'이라고 부를 정도로 현실과 동떨어진 사람처럼 느껴진다. 단순한 상상을 하는 것은 누구나 할 수 있지만 그것을 현실화시키는 건 아무나 할 수 없는 일이다. 엘론 머스크는 어느 한 분야에 재능을 보이는 건 흔한 일이지만 그 재능이 단순한 재능의 수준을 뛰어넘었을 때 "천재"라 말한다는 것이다. 그에게 있었던 2008년의 암흑기는 아주 잠시 스쳐지나간 듯 하지만 엘론 머스크 입장에서는 다시는 경험하고 싶지 않은 지옥이었을 것이다. 경제 불황을 이기고 현재의 테슬라모터스와 솔라시티를 만들기 위해 상상 그 이상의 노력이 있었고, 천재도 노력하는 사람을 따라가진 못한다는 말이 있지만 그는 노력하는 천재였다. 노력하는 천재를 누가 따라갈 수 있을까?

2. 엘론 머스크의 일생

현존하는 아이언맨, Elon Musk의 생애

- 1971년 남아프리카 공화국에서 태어났다.
- 불우한 유년기를 보냈으며, 학교생활에도 제대로 적응하지 못했다.
- 하루에 10시간씩 독서할 정도로 스스로 배우는 학생이었다. 4학년 때는 브리태니카 백과사전에 빠져서 지냈다.
- 사람을 일종의 컴퓨터라고 생각하여 '학습'은 데이터와 알고리즘을 뇌에 다운로드하는 프로세스라고 여겼다. 학교에서 선생님이 가르쳐주는 것을 배

우는 것은 "우스울 정도로 느린 다운로드 속도"라고 생각했다.

- 9세 때 컴퓨터를 처음 접하고, 보통 완성하는 데 6개월이 걸리는 프로그램 가이드를 3일 만에 끝냈다.
- 12세에 〈Blaster〉라는 비디오게임을 만들어서 컴퓨터 잡지사에 500달러(현재 가치로 약 1,200달러)에 팔았다.
- 17세에 남아프리카를 떠나서 캐나다 시민권자가 되었고, 몇 년 후에 미국 펜실베이니아대학으로 편입하였다.
- 대학 때 "인류의 미래에 가장 큰 영향력을 끼치는 게 무엇일까?"라는 질문을 스스로에게 던졌고, 다음과 같은 5개의 답을 찾았다고 한다.
  ① 인터넷
  ② 지속 가능한 에너지
  ③ 우주 탐사(특히 지구를 넘어선 우주에서의 인류 생명 연장)
  ④ 인공지능
  ⑤ 인간유전코드 재프로그래밍

온라인 은행으로 20대 천만장자가 되다

- 대학 졸업 후 '지속 가능한 에너지'라는 미션을 선택했고, 에너지를 보다 효율적으로 저장하는 기술을 공부하는 박사프로그램에 지원했다. 하지만 이틀 후 인터넷이라는 거대한 물결을 느끼고, 박사 프로그램을 그만두고 인터넷을 선택했다.
- 1995년에 Netscape에 취업하려고 했지만 실패하고 친형 Kimbal과 Zip2라는 회사를 창업했다. 이는 오늘날의 Yelp와 Google Map을 결합한 서비스였고, 지역 사업자들이 Yellow Page가 아닌 온라인 디렉토리에 자신의 사업체를 등록하게 하는 서비스였다. 형제는 돈이 전혀 없어서 사무실에서 자고, YMCA에서 샤워를 할 정도였다. 처음에는 지역 사업자들을 설득하기가 어려웠지만, 결국 인터넷 붐을 타고 고객들을 끌어모으기 시작했고, 1999년에

Compaq이 Zip2를 3천억 원에 인수했다. 머스크는 당시 27세였고, 220억 원을 손에 쥐었다.

테슬라와 머스크, 역사를 쓰다

- 2008년이 시련의 끝은 아니었지만, 그 이후로 이어지는 7년 동안 엘론 머스크와 그의 회사는 초고속 성장을 보여준다.
- 세 번의 발사 실패 이래로 SpaceX는 20번의 로켓 발사를 모두 성공한다. NASA는 고정 고객이 되었고, SpaceX는 기업들이 역사상 가장 낮은 비용으로 우주에 무언가를 보낼 수 있게 만들어주었고, 이로 인해 많은 고객들이 생겼다. 또한 역사상 우주선을 발사해서 지구로 무사히 돌아오는 것에 성공한 사례가 전부 네 번 있는데, 바로 미국, 러시아, 중국, 그리고 SpaceX다.
- 현재 SpaceX는 사람을 태워 우주로 보내는 우주선을 테스트하고 있고, 한 번에 100명을 화성에 보낼 수 있는 우주선 프로젝트도 시작했다. 구글과 피델러티로의 최근 투자는 SpaceX의 회사 가치를 12조 원으로 평가했다.
- 테슬라 Model S는 Consumer Reports로부터 역사상 가장 높은 99/100점을 받았고, National Highway Safety Administration으로부터도 4.4/5점이라는 역시 역사상 가장 높은 점수를 받는다. 기존 자동차 산업은 말 그대로 충격에 빠졌고, 테슬라는 엄청난 성공을 거둔다.
- 2016년에는 저렴한 가격의 대중적인 모델 Model 3를 출시하였다. 테슬라의 시가총액은 현재 30조 원을 바라본다. 여기서 그치지 않고 테슬라는 세계에서 가장 강력한 배터리 회사가 되어가고 있다. 리티움(Li)아이온 배터리의 세계 생산량을 두 배로 늘리기 위해 'Gigafactory'라는 배터리 생산 공장을 건설하였다.
- 솔라시티는 2012년에 상장되었고, 약 6조 원의 시가총액을 가지고 있다. 이 회사는 현재 미국에서 가장 큰 태양열 패널 설치 업자가 되었다. 버팔로에 미국에서 가장 큰 태양열 패널 생산 공장을 짓고 있고, 테슬라의 새로운 홈

배터리인 Powerwall에 패키지로 들어가는 상품을 제작하기 위해 파나소식과 제휴를 맺고 있다.

- 머스크는 여기에 만족하지 않았고, 남는 시간에는 Hyperloop라는 운송 수단 개발을 연구하고 있다고 전해진다.

머스크의 세 개 회사는 2~3년 안에 모두 3만 명 이상을 고용하는 회사가 될 예정이다. 2008년에 거의 파산해서 처가댁 지하실로 이사해야 할지도 모르는 상황이었는데, 현재 머스크의 순자산은 13조 원을 넘어섰다.

현재 엘론 머스크가 연관 되어서 일하고 있는 산업분야

- 자동차
- 항공우주
- 태양열 에너지
- 에너지 저장장치
- 인공위성
- 초고속 육상 운송
- 다행성 확장

Chapter

부록

창업 하십시오

1. 창업 지원 프로그램 사이트

● **K Startup**

중소기업청 제공 창업포털 사이트

창업지원, 창업교육, 입지정보, 중기청 지원 사업, 기술창업 안내

www.startup.go.kr/

● **창업지원센터**

프랜차이즈, 체인점 안내, 창업 성공사례, 사업계획서, 창업가이드, 동업, 대출정보 제공

www.rg4u.co.kr/

● **연합창업지원센터**

창업설계, 자금계획, 점포 마케팅, 상권정보, 프랜차이즈 안내

www.jes2000.com/

● **행복창업지원센터**

SK텔레콤 창업 포럼, 브라보 리스타트, 빅데이터 허브, 추진 현황, 가이드 제공

www.sktincubator.com/

● **부산창업지원센터**

지역정보

창업정보, 지원사업소식, 온라인교육, 커뮤니티 제공

www.bschangup.kr/

● **창업지원센터 창업넷**

창업지원센터 소개, 여성, 청년, 1인창업 컨설팅, 입주기업 혜택, 상담문의 안내

changupnet.weebly.com/

● **창업지원 온라인관리시스템**

창업진흥원 운영, 대학생, 청소년 기술창업 활성화, 교육 프로그램, 지원사업 안내

startbiz.changupnet.go.kr/

● **미래 글로벌창업지원센터**

마포구 상암동 위치, 창업지원기관, 법률, 회계, 특허, 투자유치, 마케팅, 시설물 이용 안내

www.born2global.com/

● **한국창업센터 블로그**

코리아스타트업센터. 수도권 및 전국 모든 특급상권

● **창업지원센터, 소자본창업, 특수상권창업, 은퇴창업, 초보창업, 창업설명회, 여성초보창업**

blog.naver.com/koreasc8101

2. 팀 편성 조사표

OO대학교 OO학과 팀 편성 조사표

<table>
<tr><td rowspan="3">인적 사항</td><td>성명</td><td></td><td>(남, 여)</td><td>생년
월일</td><td>(만 세)</td></tr>
<tr><td>Mobile</td><td colspan="2"></td><td>E-mail</td><td></td></tr>
<tr><td colspan="3">학과(부) 학년</td><td>군필
여부
(남
학생)</td><td>(필, 미필)</td></tr>
<tr><td rowspan="2">과 목
관 련
정 보</td><td colspan="2">참여식 수업
참여 경험</td><td colspan="3">유( )회 / 무( )</td></tr>
<tr><td colspan="2">교과목에 대한
흥미정도</td><td colspan="3">높은편( ) 보통( ) 낮은편( )</td></tr>
<tr><td rowspan="4">역 량
관 련
정 보</td><td colspan="2">컴퓨터(Word,
Power-point, Excel)</td><td colspan="3">높은편( ) 보통( ) 낮은편( )</td></tr>
<tr><td colspan="2">Internet 활용</td><td colspan="3">높은편( ) 보통( ) 낮은편( )</td></tr>
<tr><td colspan="2">팀 리더십</td><td colspan="3">높은편( ) 보통( ) 낮은편( )</td></tr>
<tr><td colspan="2">프레젠테이션(발표)</td><td colspan="3">높은편( ) 보통( ) 낮은편( )</td></tr>
<tr><td>창 업
유 무</td><td colspan="2">유( )회 / 무( )</td><td>창업 직무
분류</td><td colspan="2"></td></tr>
<tr><td>직업경험
유( )
무( )
(아르바이트
포함)
자세히 기술
해 주세요.</td><td colspan="5"></td></tr>
<tr><td>수업 선택
동기</td><td colspan="5">교수님의 강의를 듣고 싶어서( ) 주변인의 권유( ) 시간표조절( )
기타( )</td></tr>
<tr><td colspan="6">▷ 교수에 대한 건의 사항 및 학습자중심 수업의 방법을 적어 보세요.</td></tr>
</table>

3. 조별 사업아이템 분석 토론 및 토의

1. 창업동기 및 최종목표

창업동기	(창업의지, 추진능력, 과제선정경위, 준비상황을 중심으로 기재)
*아이디어 발견 *아이템 필요성 *상품	
최종목표	(창업자 또는 창업기업의 목표와 이를 달성하였을 때 기술적, 경제적 파급효과를 기재)

2. 사업타당성

국내외 시장규모(제품비교)	

국내 사업전망	

영업계획	

3. 기술경쟁력

향후계획

4. 인력 및 장비보유

참여인력

성명	연령	최종 학교 전공, 학위	담당 업무	전화번호

* 실제 창업 시 창업동지로서 참여가 확정된 경우만 기재

주요설비 보유현황(예비창업자, 기업 공통작성)

시설명	규 격	수량	용 도	금 액

4. 창업 사업계획서 작성

[사업계획서 예시]

6. 창업추진내용
16
6. 창업추진내용
17
7. 창업비전제시
① 손익계산서
2017년
2018년
구분
2017년
2018년
18
7. 창업비전제시
OO교육 분야
19
7. 창업비전제시
기대효과
20
8. 실적자료
21
8. 실적자료
22
9. 결론
OO교육센터
교육 모델 수립
+
23

5. 모의 창업대회 개최 워크시트 – 조별 발표

평가 체크 리스트

■ 발표부분(30점)

- 발표태도
- 전달능력
- 매체 활용성

■ 창업부분(70점)

- 창업 직무(아이템)에 대한 분석력
- 사업의 적절성
- 사업의 적용 가능성
- 재무계획 - 매출액 증감반영
- 사업계획의 실효성
- 마케팅 활용계획 부분
- 사업의 타당성

참고문헌

강창완(2016) 빅데이터 분석의 이해 및 활용, 대동대학교 교수학습센터

국가정보화전략위원회(2011.11) “빅데이터를 활용한 스마트 정부 구현(안)”

금진호 외(2017), 자기개발능력(NCS), 양성원

김명준(2012) 빅데이터미래전략, ETRI

김용진(2015), 경영학 사용설명서, 클라우드나인

김위찬, 르네 마보안(2002) 블루오션전략

김응수 외(2016), 창업과 세무, 도서출판 대경

김학용(2016) 사물인터넷 개념, 구현기술 그리고 비즈니스

김현곤(2012) 빅데이터시대 전망과 국가미래전략, 한국정보화진흥원

김희철(2016), 창업경영론, 도서출판 두남

노기엽, 장영규(2016), 모의창업

라젠드라 시소디어(2012), 권영설 옮김, 위대한 기업을 넘어 사랑받는 기업으로, 럭스미디어

마스다 무네야키(2014) 지적자본론창업과 경영

부산대학교 창업보육센터 사업계획서(2006), 부산대학교 창업지원단 중소기업창업보육센터

부산대학교 창업보육센터 입주신청서(2006), 부산대학교 창업지원단 중소기업창업보육센터

사토 가츠야키(2016), 내가 미래를 앞서가는 이유(스타트업 1위 천재사업가의 미래통찰)

스티븐 에이커(2015) 빅데이터로 세상을 지배하는 사람들

심미자(2016), 교수법특강, 대동대학교 교수학습센터

아담 브라이언트(2012), 윤영삼 옮김, 사장실로 가는 길, 가디언

에이미 에드몬드슨(2015), 오지연 옮김, 티밍, 도서출판 정혜

이선성 외(2014), 세금을 알면 부자가 된다, 세학사

이코노미 조선 - “사카이 이삿짐 센터” 검색
장수용(2010) 직무분석 이렇게 한다. SBC 전략기업컨설팅
장영광(2014), 생활속의 경영학, 신영사
장영재(2010), 경영학 콘서트, 비즈니스북스
장정빈(2016), 히든 서비스, 올림
제러미 리프킨(2012) 3차 산업혁명
제리 카플란(2016) 인간은 필요없다
조태현(2008), 고객 유혹의 기술, 비전코리아
직업교육훈련과정 개발을 위한 직무분석 지침서(2003) 한국직업능력개발원 연구자료 03-1
최정임(2009) 요구분석 실천 가이드. 학지사
클라우스슈밥(2016) 제4차 산업혁명
피터 틸(2014), 제로 투 원
하버드 창업가 바이블(2014), 다니엘 아이젠버그
하버드경영대학원(2010) 경영전략
함주한(2008), 마케팅 무작정 따라 하기, 길벗
kbs 명견만리 제작팀(2016) 명견만리, 우리가 준비해야 할 미래의 기회를 말하다
「빅데이터 혁명과 미디어 정색 이슈」 정용찬(2012a) 정보통신정책연구원

Mckinsey Global Institute(2011년) Big Data: the next frontier for innovation, competition, and productivity. Mckinsey&Company

검색포털 다음 “창업사이트”검색
네이버 블로그 ‘이긍정’S’
[네이버 지식백과] 사물인터넷 [Internet of Things(IoT)](두산백과)
[네이버 지식백과] 사물인터넷은 만능인가? (사물인터넷의 미래, 2014. 11. 28., 한국전자통신연구원(ETRI), 전자신문사)
네이버 지식백과 “엘론 머스크”검색

gary medium
http://blog.naver.com/jang00800/220584052153

http://blog.naver.com/ntower?Redirect=Log&logNo=220729147919
http://blog.naver.com/sosoifree/220635578779
http://elonmusk.com
http://navercast.naver.com/contents.nhn?rid=122&contents_id=19022
http://news.kbs.co.kr/news/view.do?ncd=3262426&ref=A
http://people.incruit.com/news/newsview.asp?newsno=2649260
http://ppss.kr/archives/62249
http://qna.ac/ab-942-23&article_num=23&SI_F_serial_num=asc&PB_1420702587=2
http://sulia.tistory.com/514
http://terms.naver.com/entry.nhn?docId=2851213&cid=56756&categoryId=56756
http://webkim.blog.me/220523501747
http://www.samsungfundblog.com/archives/32418
http://www.segye.com/content/html/2015/05/29/20150529003538.html?OutUrl=naver
http://www.viva100.com/main/view.php?key=20160406020016141
http://www.wikitree.co.kr/main/news_view.php?id=220918
www.dt.co.kr

찾아보기

ㄱ

ㅅ

ㅇ

ㅈ

저/자/소/개

■ 금진호

한남대학교 대학원 교육학 석사
미래에셋생명 센터장/본부장(임원)
임직원 Career Development Program 개발
현) 대전과학기술대학교 세무회계과 겸임교수
한국영상대학교 NCS(직업기초능력) 담당 겸임교수
한국표준협회 NCS 전문위원
큐프라임경영컨설팅 경영·창업지원 전문위원

■ 김만석

한국과학기술원(KAIST) 경영학 석사
미국 캘리포니아 U.C IRVINE 금융공학 전공
KB국민은행 지점장
현) 월드콥터코리아(주) 재무이사
한국영상대학교 겸임교수

■ 김명희

국립부경대학교일반대학원 신문방송학(커뮤니케이션)과 석사졸업
국립부경대학교일반대학원 HRD(인적자원개발학)전공 박사수료
㈜에듀박스 교육팀장
FUN미디어교육센터 대표(교육부 방송인력창출 누리사업 창업기관)
현) 한국스피치코칭협회 대표
대동대학교 간호학부 겸임조교수

창업과 경영실무

1판 1쇄 인쇄 — 2017년 2월 25일
1판 1쇄 발행 — 2017년 2월 28일

저 자 - 금진호 · 김만석 · 김명희
발 행 인 - 강 철 원
발 행 처 - 양 성 원
주 소 - 경기도 파주시 월롱산로 71
전 화 - 031-946-3861(代)
팩 스 - 031-946-3864
이 메 일 - tnwpub@naver.com
홈페이지 - tnwpub.co.kr
출판등록 - 2015년 8월 31일 제 2015-000211 호

ISBN 979-11-6126-011-2

정가 16,000원